정책학자의
정치 · 사회 비평서

정책이
만만한가

정준금

지혜의 바다

정책이 만만한가

- 2025년 05월 12일 초판 **발행**
- **지은이** 정준금
- **펴낸이** 오연천
- **펴낸곳** **지혜의 바다** 44610 울산광역시 남구 대학로 93(무거동) 울산대학교 출판부
- **전화** (052)259-2488 팩스 (052)277-3011 ▪ **홈페이지** http://uup.ulsan.ac.kr
- **출판등록** 제370-1996-000001호(1996.3.13)
- ₩ 15,000

ISBN 979.11.6726.085.7(03300)

서문

대한민국은 하루하루가 역동적인 나날들이다. 선진국의 반열에 올랐다고 하지만, 유럽과 같이 근대국가로서의 역사가 오래된 나라들과는 달리 우리는 여전히 어수선하고 불안정하다. 특히 정치가 그렇다. 21세기 대명천지에 느닷없이 선포되는 비상계엄이 이를 상징적으로 보여준다. 하나의 민족이고, 종교적인 갈등도 없지만 정치적 지향이 다른 사람과는 식사도 같이 하지 않겠다는 사람들이 절반이 넘는 나라가 되었다. 추위에도 아랑곳 하지 않고 수 만의 시민들이 거리로 쏟아져 나와 구호를 외치고 있다. 국민들의 분열과 대립으로 화합이 불가능할 지경에 이르렀다는 탄식이 쏟아진다.

이런 나라에서 학자, 특히 사회과학자들이 할 수 있는 일은 무엇일까. 사회문제를 진단하고 이를 해결할 수 있는 방안을 제시하는 것이 사회과학자들의 사명과 책임일 것이다. 나는 이런 역할에 얼마나 충실했는가. 36년 동안 대학에서 정책학과 행정학을 강의하고 연구해 온 여정을 돌이켜 보면 아쉬움이 남는다. 비록 중앙정부와 지방정부에 설치된 여러 위원회의 위원으로 활동하면서 이런 저런 정책아이디어도 내고, 정부용역도 하고, 자문도 했지만, 내가 딱히 우리사회 발전에 크게 기여한 것을 꼽아보려 하면 별로 생각나는 것이 없다. 또 학자로서 사회현상을 분석하고 이를 발전 또는 개선하는데 필요한 방안을 제시하는 논문들도 수 십 편을 썼지만, 내 논문으로 인해 우리 사회가 변화·발전한 것도 찾아보기 쉽지 않다. 이에 비해 이공계 학자들은 좀 다른 것 같다. 그 분들은 새로운 기술과 제품을 개발하여 기업의 생산성 향상과 이윤 증대에 직접적으로 기여한다. 또 의술을 발전시켜 일반시민들의 건강을 증진시키고, 신품종을 개발하여 먹거리 문제해결에도 크게 기여한다. 나뿐 아니라 주변의 사회과학자들이 이런 자조적 얘기를 하는 것을 흔치 않게 들어왔다.

사회과학자가 그나마 기여할 수 있는 것 중의 하나는 일반대중들을 향해 글을 쓰는 것인 것 같다. 일전에 일본의 명문대학인 도호쿠東北대학을 방문한 적이 있다. 대학 역사관에서 우연히 중국의 작가 루쉰을 발견하였다. 루쉰의 젊은 시절 사진이 크게 걸려 있고 역사관의 한 부분이 아예 루쉰에 관한 내용으로만 채워져 있었다. '아Q정전'을 쓴 유명한 중국인 작가로만 알고 있었는데 도대체 왜 이 사람이 여기에 있을까 하는 의문이 들어 자세히 살펴보았다. 당시 청나라 정부장학생으로 도쿄대에 입학했던 루쉰은 센다이에 있는 도호쿠대학 의학부로 편입하였다. 하지만 그는 여기서 1년 반 동안 의학공부를 하다가 돌연 본국으로 귀국하였다. 이 때 지도교수가 본국으로 돌아가려는 이유를 묻자 루쉰은 이렇게 대답했다고 한다. "지금 중국인들에게 필요한 것은 육체의 치료가 아니라 정신의 치료입니다." 그리고 그는 작가가 되어 문학으로, 즉 글로 중국인들을 일깨우기로 마음을 먹었다. 결국 그는 의학을 포기하고 중국인들의 수동적이고 방관적인 자세를 질타하는 소설들을 써 내려갔다. 그 후 주지하다시피 루쉰은 작가이자 사회운동가, 사상가로서 근현대 중국문학를 대표하는 인물이 되었다. 도호쿠대학 역사관에서 루쉰 생애의 편린을 접하며 적어도 사회과학자라면 이런 마음을 가지고 글을 써야 하지 않을까 하는 생각을 해 보았다.

학자가 학술지에 논문을 발표하는 것 외에 자기의 생각을 외부에 알릴 수 있는 방법은 여러 가지가 있을 것이다. 유튜브나 블로그와 같은 소셜 매체를 활용하는 사람들도 많은 것 같다. 하지만 나는 아직 이런 매체에 익숙하지 않을 뿐만 아니라, 설사 이를 활용한다고 해도 독자들을 확보하는 것도 만만치 않다. 그런데 아주 우연한 기회에 일반시민들을 대상으로 글을 쓸 수 있는 기회가 생겼다. 일간지에 '정준금 칼럼'이라는 기명칼럼을 쓰게 된 것이다. 내 이름을 내걸고 글을 쓰는 것은 적지 않은 부담이다. 요즘 신문 보는 사람들이 대폭 줄었다고는 하지만, 신문은 방송과는 달리 흔적이 오래남고 독자들이 충분한 시간을 가지고 꼼꼼히 읽을 수가 있다는 특징이 있다. 그래서 신중하게 생각을 정리하고 한정된 지면에 압축해서 글을 쓰지 않으면 안 된다. 이렇게 시작한 칼럼기고가 6년이 넘었다. 그동안 쓴 칼럼들을 가끔 다시 읽어 보고는 하는데, 문득 이를 모아 책으로 출간하면 어떨까 하는 생각이 들었다. 신문은 매일 발간되므로 내 칼럼이 게재되는 날을 놓치면 읽기가 어려워진다. 물론 지난 신문도 인터넷을 뒤지면 다시 볼 수는 있지만 그렇게 까지 하는 독자는 많지 않을 것이다. 그래서 책으로 묶으면 더 많은 독자들이 필요할 때마다 볼 수 있지 않을까 생각하게 되었다.

이 책에는 모두 71편의 글이 담겨 있으며, 주제는 크게 두 가지로 분류된다. 첫 번째는 정책에 대한 것이다. 내 전공이 정책학인 만큼 당연히 국가 또는 중앙정부의 정책과 관련된 이슈에 관심을 가질 수밖에 없다. 정책학자의 시각에서 우리나라 정책의 내용이나 정책과정의 절차적 측면에서의 문제점들을 분석하고 이를 바로잡을 수 있는 방안들을 찾으려고 노력하였다. 사람들은 문제가 생기면 정부가 정책을 통해 잘 해결해 줄 것으로 기대하지만 현실은 그렇지 못하다. 여기에는 여러 가지 이유가 있다. 이해관계가 극심히 대립되기도 하고, 정부가 잘못된 판단을 내리기 때문이기도 하다. 그래서 정책은 실패할 가능성이 적지 않다. 그럼에도 불구하고 정책결정자들은 자신들이 정책을 통해 문제를 해결할 수 있을 것이라는 착각 속에서 너무도 안이하게 정책을 결정하는 경우가 많다. '정책' 파트의 글에서는 이와 같은 실제 정책의 한계를 밝히면서 정부정책에 대한 비판을 담고 있다.

두 번째 주제는 울산과 지방에 관한 것이다. 울산대학교에 재직하면서 지켜본 울산이라는 '지방'에서 벌어지는 정치·사회현상을 분석한 글들이다. 울산은 우리나라 최대의 산업도시로서 우리 경제의 견인차 역할을 담당하고 있다. 그 결과 전국 최고소득 수준을 자랑하는 부자도시가 되었지만, 그 이면에는 환경오염을 비롯한 여러 문제를 안고 있다. 다행히 태화강이 살아나고 근사한 공원들이 만들어지면서 최근에는 생태도시로서의 명성을 얻고 있다. 그럼에도 불구하고 폐쇄적인 정치문화, 여전히 다양한 시민주체들의 참여가 부족한 '관官주도' 거버넌스 등은 울산발전의 장애요소가 되고 있다. '울산' 파트의 글에서는 이러한 현상이 나타나는 이유와 이로 인해 초래되는 여러 문제점을 살피고 있다.

이 책의 대부분은 현실의 정치·행정과 사회에 대한 비판적인 내용을 담고 있다. 책 제목에도 '정책학자의 정치·사회 비평서'라는 부제를 달았다. 그래서 정책결정이나 집행을 담당하고 있는 주체들에게는 불편한 내용일 수 있다. 실제로 신문에 기고한 글을 본 고위정책결정자로부터 일종의 항의성 연락을 받기도 했다. 하지만 신문 칼럼을 읽은 독자들 중에는 공감을 표해주는 분들이 더 많았다. 여기서 감히 루쉰을 언급하는 것 자체가 어불성설이지만, 글을 쓰며 품은 마음만은 루쉰과 다를 바가 없다. 그렇다고 주제넘게 대중들을 일깨우고 각성시키려는 생각을 해 본 적은 없다. 그저 정책학자의 시각에서 작성한 비평문을 한 번 읽어 주었으면 하는 기대가 있을 뿐이다.

이 책이 나오기까지는 여러 분들의 성원과 도움이 있었다. 우선 정책학이란 학문에 입문하게 해 주신 정정길 선생님께 감사드린다. 여든이 넘으신 연세에도 불구하고 여전히 왕성하신 학문적 열정은 후학들에게 큰 귀감이 되고 있다. 그리고 기회만 되면 언제 어디서든 열띤 토론을 벌이는 연구실 동학同學 선후배들께도 감사드린다. 오랜 시간 여정을 함께 하며 도움을 준 울산대 동료교수들께도 감사드린다. 그리고 '정준금 칼럼'을 마련해 준 경상일보와 이

책의 출간을 위해 편집과 수정에 많은 노력을 기울여 주신 '지혜의 바다' 관계자 분들께도 감사드린다.

마지막으로 늘 함께하는 소중한 우리 가족들에게 고마운 마음을 전한다.

2025년 봄

정준금

목차

책을 출간하며

정책이란 무엇인가

이 책의 첫 번째 주제는 바로 정책에 관한 것이다. 정책은 내가 학자로서 오랫동안 관심을 가져온 분야다. 쉽게 얘기해서 정책은 정부가 하는 일이고, 대부분 사회문제를 해결하기 위한 활동이다. 개인의 문제는 개인이 해결해야 하지만 사회문제는 개인 차원에서 해결할 수 없다. 하지만 개인문제와 사회문제의 구분이 명확한 것은 아니다. 예컨대 취업이 어려운 학생의 경우 자기가 열심히 노력하여 스스로 일자리를 구해야 하지만, 대학을 졸업한 학생들 대부분이 취업을 못하고 있다면 이는 개인 차원의 문제가 아니다. 사회구조적인 측면이 있는 것이다. 결혼도 마찬가지다. 한 개인의 결혼 여부는 전적으로 개인 차원의 결정의 산물이다. 하지만 많은 젊은이가 결혼을 포기하고, 이로 인해 인구가 감소한다면 이는 사회적 문제가 된다.

아무튼 사회문제가 등장하면 이는 개인 차원의 해결이 힘들므로 정부가 개입해야 한다. 일자리 창출을 위해 재정투입을 늘리고, 결혼을 장려하기 위한 여러 가지 인센티브 제도를 도입해야 한다. 하지만 많은 경우 정부가 개입한다고 해서 사회문제가 원하는 대로 해결되는 것은 아니다. 인구 감소를 해소하기 위해 수년 동안 엄청난 예산을 투입하여 다양한 정책을 시행했지만 출산율은 계속 떨어지고 있는 경우처럼, 정부가 개입하여 문제를 해소하기는커녕 오히려 문제를 악화시키는 경우도 흔히 볼 수 있다. 그 만큼 정책은 단순하고 쉽게 접근할 수 있는 것이 아니다. 왜 그럴까?

우선 정책에는 이해관계자들이 있다. 어떤 정책이든지 비용과 편익을 발생시키며, 정책으로 인해 발생하는 비용을 부담하는 사람들과 편익을 누리는 사람들이 등장한다. 당연히 이들 간에 비용과 편익의 배분을 둘러싸고 갈등이 발생한다. 의대정원의 확대를 둘러싸고 의사집단과 일반국민들의 이해가 충돌하고, 손해를 보게 될지도 모른다고 생각하는 의사집단과 협의를 거치면서 정책의 내용이 변화하는 것은 물론 정책추진 자체가 지연되는 상황이 발생한다. 이와 같은 정책과정 상의 갈등은 그대로 정책과정에 반영되어 정책의 합리성과 실현가능성을 저하시킨다. 그 결과 정부가 만드는 정책에 특정 이해관계 집단의 이익이 불균형적으로 과다하게 투입되어 불공평하게 될 수도 있다. 또 비용을 과다하게 부담하게 되었다고 생각하는 집단의 반대로 정책이 좌절되기도 한다.

여기에 더해서 아무리 잘 만들어진 정책이라 해도 항상 부수효과side effect가 수반된다. 정책결정자가 전혀 의도하지 않았던 결과가 나타나는 것이다. '로마인 이야기'를 쓴 시오노 나나미도 이렇게 말했다. "로마 황제가 만든 정책 중 로마를 망하게 할 생각으로 만든 정책은 하나도 없다." 아무리 엉터리 황제라도 일부러 로마를 망하게 하려고 정책을 만들지는 않았다는 것이다. 그래도 로마는 멸망하였다. 의도와는 달리 생각지도 못한 결과가 나타났기 때문이다. 지금도 마찬가지다. 아파트 가격이 상승할 때 정부가 대출을 규제하고, 아파트 원가를 공개하는 등의 조치를 취하였다. 하지만 아파트 가격은 더욱 더 뛰었다. 정부는 또 다른 대책을 내 놓았다. 하지만 거래가는 일시적으로 주춤하다가 다시 올랐다. 정부가 아파트 가격을 일부러 올리려고 정책을 만든 것은 아니지만, 정부정책이 의도치 않게 주택공급을 축소하는 효과를 초래해서 결과적으로 아파트 가격을 상승시킨 것이다. 정말로 문제를 악화시킬 작정을 하고 만드는 정책은 없을 것이다. 우리나라를 일부러 나락으로 떨어드리기 위해 정책을 만드는 정부는 더더욱 없을 것이다. 결과적으로 의도하지 않은 결과가 나타났을 뿐이다.

한편 실제 정책결정자들의 시각은 매우 단기적이다. 사회문제와 관련된 사안이 발생하면 정책적 대응을 하기는 하지만 초단기적인 성격을 띠는 것이 대부분이다. 일단 문제가 생기면, 시민들은, '그동안 정부는 무엇을 하고 있었나, 정부가 나서서 빨리 해결해야지'라고 생각하는 경향이 있다. 여론의 동향에 민감한 정부는 재발방지를 목표로 하는 '긴급' 종합대책을 발표한다. 하지만 그 때뿐이다. 새만금 잼보리 대회나 이태원 참사 같은 경우를 생각해 보시라. 그렇게 온 사회가 들썩이고 관심을 기울였던 그 이슈가 지금은 어떻게 되었는가. 잼보리 이후 당시의 문제점 등에 대한 차분한 분석을 통해 재발방지책 등이 법령과 제도 등에 반영되었는가. 이태원 이후 시민안전과 질서유지에 어떤 큰 변화가 있었는가. 반도체 산업 지원 정책이나 에너지 정책, 인구정책 등과 같이 장기적인 관점에서 체계적으로 접근해야 할 이슈들에 대한 대응도 마찬가지다. 정권이 교체될 때마다 아무런 합리적인 기준 없이 오락가락할 뿐이다.

또한 최근 들어서는 정치적 대립이 극심해져서 자신들이 지향하는 이데올로기나 정파적 이익에 반하는 정책에 대해서는 더욱 더 격렬한 반대와 저항이 이어진다. 아무리 좋은 정책이라고 해도 자신들이 추구하는 이념이나 정치적 이해관계에 부정적인 영향을 미치는 정책이라면 일단 반대하고 본다. 세계 여러 나라가 이른바 반도체 전쟁 중이다. 자국의 반도체 산업을 지원하기 위해 재정적·행정적 지원을 아끼지 않는 것이 세계적인 추세이다. 하지만 우리는 이것이 마치 대기업에 대한 부당한 지원이라고 생각하는 정치집단이 있다. 원자력발전도 마찬가지다. 온실가스 감소와 AI 시대의 대규모 전기수요를 충족하기 위해 대부분의 나라에서 원자력 발전에 대한 인식이 달라지고 있다. 하지만 여기에도 정치적 이해가 개입되어 불필요한 논란이 거듭되고 있다. 반면에 시민들로부터 손쉽게 지지를 얻을 것으로 기대하는 이른바 포퓰리즘 정책은 남발되고 있다. 대규모 재정지출이 수반되지만 정책적 효과는 크지 않은 정책들이 경쟁적으로 등장한다. 쌀이 남아도는데도 불구하고 쌀 생산을 장려하는 정책을 주장하고, 소대장과 부사관들의 월급은 그대로 둔 채 장병들의 월급만 대폭 올리는 황당한 정책이 아무런 여과 장치 없이 등장한다. 모두 농민과 젊은 장병들의 정치적 지지만을 의식한 정책들이다. 중앙과 지방정부 할 것 없이 현금성 지출 정책이 수 없이 등장한다. 시민들이 일시적으로는 환호할지 모르지만 후일의 대가가 큰 정책들이다. 오죽하면 '망국적' 포퓰리즘이라고 하겠는가.

이러한 경향은 최근 국회의 권한이 강화되면서 더욱 심각해지고 있다. 많은 사람들이 정책은 정부, 즉 행정부가 결정·집행하는 것으로 생각하는 경향이 있다. 아니다. 우리나라의 중요한 정책은 국회가 결정한다. 국회만이 입법권을 가지고 있기 때문이다. 그래서 정책 중에서도 중요한 정책은 모두 법률의 형태를 띠고 있다. 중요한 정책은 대표성이 부족한 행정부가 결정하지 말고 국민의 대표로 구성된 국회가 결정하도록 한 것이다. 행정부는 국회가 결정한 정책(법률)을 집행할 뿐이다. 그런데 국회를 구성하는 국회의원들은 어떤 사람들인가. 의원이 되려면 선거에서 당선되어야 한다. 당연히 표를 중시하는 사람들이다. 표를 얻는데 도움이 된다면, 좀 심하게 말하면, 나라의 재정이고 뭐고 다 거덜나도 개의치 않을 수 있는 사람들이다. 국회는 포퓰리즘의 산실이 되었다. 또 선거에 나가려면 당의 공천을 받아야 한다. 당의 명령, 즉 당론을 거부했다가는 공천탈락이 유력하다. 공천권을 쥐고 있는 당 지도부에 충성을 다해야 한다. 국민이나 지역주민보다 당의 보스를 더 잘 모시고 따라야 한다. 말로는 의원 하나하나가 헌법기관이라고 내세우지만 실제는 당(또는 당 대표)의 명령에 따르는 충복일 뿐이다. 그래서 '검수완박'과 같이 민생과는 아무런 관련이 없는 정책(법률)에는 사생결단식으로 매달리면서, 국가의 미래가 걸린 반도체법이나 전력망법, 연구개발 분야 노동시간 유연화법 등에는 눈을 감는다. 그리고 맘에 안 드는 장관과 당 대표를 수사하고 있는 검사들의 탄핵에는 앞장서는 것이다.

국회는(특히 야당은) 문제가 발생하면 행정부를 질타한다. 행정부가 대처를 잘못해서 문제가 발생했다는 것이다. 장관 해임을 요구하거나 탄핵한다. 하지만 사회문제 중에는 국회에서 법률을, 즉 정책을 만들지 않아서 발생하는 것도 많다. 입법을 아예 하지 않거나 제대로 된 입법을 하지 않은 국회도 책임이 있는 것이다. 거리에 수없이 걸린 현수막을 보시라. 대부분 정당이나 국회의원을 비롯한 정치인들이 내건 것이다. 조잡하고 역겨운 문구들이 난무한다. 하지만 정당의 현수막은 아무런 제한이 없다. 이른바 '김영란법'에서도 국회의원은 예외다. 모두 국회의원들이 만든 법이다. 우리나라 국회의원들은 세계적인 수준의 특권을 누리지만 그에 상응하는 책임에서는 벗어나 있다. 선거에서 당선되면 그만이다. 그러면서 금과옥조처럼 '민주적 통제'만을 내세우며 행정부에 호통을 친다. 부끄러움을 잊은 지 오래다. 이들에 의해서 우리나라의 중요한 정책이 결정되고 있다. 합리적이고 타당한, 제대로 된 정책이 결정될 수 있겠는가.

'정책'의 현실은 이렇다. 국민들은 사회문제가 생기면 정부가 정책을 통해 해결해 주기를 기대하지만 현실은 그렇지 못하다. 정책은 만병통치약이 될 수가 없다. 언제나 의도한 결과가 나타나 사회문제를 속 시원히 해결해 주는 정책은 극히 드물다. 늘 실패할 수 있고 원하는 효과를 거두기가 힘든 것이다. 그럼에도 불구하고 정권을 잡으면, 또는 시장이나 도지사가 되면 모든 문제를 해결할 수 있다는 착각에 빠진 채, 너무도 쉽게 정책을 결정하고 만다. 국회도 마찬가지다. 심사숙고하고 여러 사람들의 의견을 듣고 신중하게 결정해도 모자라는 판에 일부 정책결정자의 개인적 판단으로 느닷없이 등장하는 정책들이 너무도 많다. 의도는 선할지 몰라도 당연히 결과는 신통치 않다. 피해는 고스란히 국민들에게 돌아간다.

'정책'에 관한 글에서는 이런 시각에서 국회를 포함하여 정부정책에 대한 비판적인 내용을 담고 있다. 독자들이 정부정책이 이렇게 불합리한 면을 가지고 있다는 점을 이해하기 바라는 마음이다. 이를 통해 시민들의 정책에 대한 기대도 절제되거나 정돈되면 좋겠다. 정부가 개입한다고 문제가 다 해결되는 것은 아니라는 것을 깨닫고, 시민들이 보다 지속적으로 사회문제에 관심을 기울여 주었으면 한다. 사실 일반시민들 못지않게 실제로 정책을 결정하고 집행하는 책임자들이 이 글을 읽고 정책이 쉽지 않다는 점을 깨달았으면 하는 마음이 더 크다. 그래서 정책에 대한 이해를 높이고, 이것이 우리나라 정책의 수준을 향상시키는 것으로 이어질 수 있다면 더할 나위가 없겠다.

울산, 그리고 지방

이 책의 두 번째 주제는 바로 울산과 지방이다. 울산에는 전혀 연고가 없었지만, 막 30대에 접어들면서 울산대에 자리 잡고 이제 60대 중반이 되었으니, 30년이 훌쩍 넘게 울산을 지켜본 셈이다. 전공이 정책학이라서인지 그동안 울산시와 관련된 각종 위원회의 일원인 적도 있었고, 울산의 시민단체에서 활동하기도 했다. 한편으로는 울산 MBC와 KBS의 대담 또는 토론프로그램을 수년간 진행하기도 했다. 이를 통해 여러 분야의 사람들을 만났으며, 울산의 다양한 이슈들을 다뤄보기도 했다. 대선, 총선, 지선 과정에서는 꽤 오랫동안 후보자들의 TV토론회 사회를 보았으며, 이를 통해 다양한 울산의 정치인들을 접할 기회도 있었다. 또한 공무원 교육원이 없는 울산시는 울산대학교 정책대학원에 교육을 위탁하였는데, 정책대학원장을 역임하면서 다양한 직급의 울산시 공무원들을 만날 수 있었다. 돌이켜 보면 이러한 경험은 울산을 이해하는 소중한 기회가 되었다.

울산은 주지하다시피 산업도시다. 아니 울산시민들은 '산업수도'라고 불리는 것을 더 좋아한다. 그 만큼 산업도시로서 울산에 대한 자부심이 크다고 할 수 있다. 지금은 다소 빛이 바랬지만, 그래도 여전히 울산은 우리나라 최고 부자도시의 하나이며, 대한민국 제조업의 심장이다. 자동차, 석유화학, 조선으로 구성된 울산의 제조업은 우리나라 경제발전의 견인차였으며, 산업화와 근대화의 상징이기도 하였다. 전국의 수많은 젊은이들이 일자리를 찾아 울산으로 몰려 왔으며, 울산은 그야말로 기회의 땅이었다. 하지만 화려한 울산의 경제발전의 이면에는 환경오염이라는 불가피한 사회문제가 등장했다. 전국 최초로 환경피해 보상운동이 벌어지기도 했고, '온산병'이라는 공해병으로 주민들이 극심한 피해를 보기도 했다. 또 민주화 이후 울산은 자연스럽게 노동운동의 메카가 되었다.

내가 울산대에 처음 부임하면서 가장 많이 들었던 울산에 대한 이야기는 두 가지 인데, 바로 공해(당시에는 환경오염 보다는 주로 이 용어를 사용했다)와 노동운동에 대한 것이었다. 실제로 울산대에 부임하고 보니 공업단지와 상당히 떨어져 있는 곳인데도 불구하고 고약한 냄새 때문에 머리가 아플 지경이었다. 그리고 거의 매일 격렬한 노동운동에 대한 보도가 이어졌다. 당시 울산에 대한 이미지는 이렇게 부정적인 것이 대부분이었다. 부자도시이기는 하지만 사람들이 살기에는 그리 좋은 곳은 아니라는 이미지가 강했다.

하지만 서서히 울산은 변화하였다. 가장 큰 계기가 된 것은 바로 광역시 승격이다. 광역시 승격으로 경남의 한 변방도시에서 전국구 도시로 발돋움하는 기회를 맞이하게 된 것이다. 여기에 더해서 그보다 먼저 시행된 지방자치도 울산 발전의 큰 몫을 하였다. 울산은 재정적으로도 여유가 생겼으며, 울산의 독자적인 발전계획을 수립하고 집행하는 것이 가능해졌다. 이를 통해 서서히 울산의 모습이 바뀌기 시작하였는데, 결정적으로 울산의 이미지 변화에 크게 기여한 것은 태화강이 살아난 것이다.

울산 도심을 가로 지르는 태화강은 산업화와 함께 극심한 오염의 강이 되었다. 물고기가 떼죽음으로 떠올랐으며 악취로 산책하기도 어려운 강이었다. 이 강이 대대적인 수질개선 사업으로 다시 살아난 것이다. 하수관거를 묻고, 폐수처리장을 건설하여 오폐수가 강으로 흘러 들어오는 것을 차단하여 수질을 개선하고, 고질적인 수량부족을 해소하기 위해 강 아래를 흐르는 지하수를 퍼 올려 태화강의 도심구간에서는 항상 맑은 물이 찰랑찰랑 흐르게 되었다. 이 때부터 울산은 공해도시에서 생태도시로 발돋움하였다. 산업도시에서 생태도시로, 실로 획기적인 변화이자 발전이었다. 이후 태화강에는 지속적인 투자가 이뤄져 명실공히 생태하천으로 자리 잡았다. 그리고 SK 그룹에서 울산 도심에 울산대공원 조성을 지원하고, 해안에는 대왕암공원과 간절곶 등이 알려지기 시작했다. 더구나 최근에는 태화강 공원이 국가정원으로 지정되면서, 울산은 공해도시의 오명을 벗고 멋진 공원과 천혜의 자연환경이 어우러지는 생태도시로서의 명성을 얻게 되었다. 휴일이 되면 울산시민들이 태화강 국가정원, 울산대공원과 대왕암공원 등지에서 한가롭고 여유 있게 가족과 함께 행복한 시간을 보내는 모습을 볼 수 있다. '부자도시'의 여유 있는 풍경이다.

하지만 이렇게 '화려한' 변화 뒤에는 여러 어려움이 자리 잡고 있다. 모든 다른 지방 도시들도 마찬가지로 울산도 인구 감소의 트렌드를 벗어나지 못하고 있다. 광역시 승격 당시 150만을 예상했던 인구는 110만을 밑돌고 있다. 광역시임에도 불구하고 수도권의 수원시보다 인구가 적어진 것이다. 특히 젊은이들의 탈울산이 심각하다. 울산의 미래를 책임질 젊은이들이 울산을 떠나고 있다. 울산이 산업도시로서 많은 일자리를 창출할 수 있는 여건을 갖추고 있지만, 대학을 졸업한 젊은이들이 선호하는 직장은 많지 않은 편이다. 특히 자동차 · 조선 · 화학 등 중후장대重厚長大 기업 위주의 울산에는 고학력 여성이 취업할 수 있는 직장은 매우 드물다. 재해율이 상대적으로 높고 일이 고된 제조업 현장 보다, IT나 금융과 같은 분야의 일자리를 선호하는 대졸 젊은이들은 수도권으로 떠나고 있다. 그리고 비어 있는 일자리는 이주 노동자들이 메우고 있다.

울산 경제의 또 다른 문제의 하나는 제조업 위주라는 점이다. 울산에는 세계적인 규모의 제조업체가 즐비하다. 현대자동차, HD 현대 등만 해도 해당 분야에서 세계 굴지의 수준을 자랑하는 기업들이다. 석유화학산업들도 마찬가지다. 그런데 제조업은 항상 경기변동을 겪지 않을 수 없다. 잘 나갈 때는 어마어마하지만, 하강기에 들어서면 감당하기가 어려울 정도의 고난이 찾아온다. 석유화학업종만 하여도 불과 몇 년 전만 하여도 엄청난 이익으로 '횡재세'를 걷어야 한다는 주장까지 나왔지만 금년 들어 매출이 반토막이 나는 등 어려움을 겪고 있다. 이와 같이 경기변동에 취약한 경제구조에 변화를 주기 위해 울산시는 오래 전부터 금융, 관광 등 서비스

산업의 발전을 위해 노력해 왔다. 3차 산업의 활성화는 산업구조의 고도화뿐만 아니라 젊은이들이 선호하는 일자리 창출에도 기여할 수 있을 것으로 기대하였다. 하지만 그 간의 노력에 비해 별 다른 성과를 거두지 못하고 여전히 제조업 중심의 산업도시에 머물고 있다. 산업구조의 변화에는, 이와 관련된 사회적 인프라의 구축과 전문 인력의 공급 등 다양한 요소가 필요한 만큼 보다 지속적이고 체계적인 노력이 필요할 것으로 보인다.

한편 지방자치 이후 울산의 문제는 울산 스스로 해결해 나가야 하고, 이를 위해서는 이른바 울산의 지도세력이나 지도층의 역할이 매우 중요하다. 구체적으로 울산시장을 비롯한 자치단체장과 울산시의원을 포함한 기초의회의원들이 이러한 역할을 담당할 것이다. 더 넓게는 울산의 전문가 그룹, 관료, 언론, 시민단체 등을 포함하는 울산의 '로컬 거버넌스' 체제의 적극적인 역할이 필요할 것이다.

우선 울산의 정치를 보자. 울산의 정치 풀pool은 매우 좁고 폐쇄적인 편이다. 울산 인구 중 소위 울산 토박이가 차지하는 비중은 3분의 1이 조금 넘는다고 하는데, 시의회 중 토박이 출신이 차지하는 비중은 3분의 2가 넘는다. 이는 광주, 대전보다 크게 높고, 토박이 비중이 울산보다 더 높은 대구에 비해서도 높은 편이다. 시장은 한 사람만 제외하고 모두 울산 토박이고, 울산의 지역구 국회의원도 대부분 토박이다. 한마디로 울산 출신이 아니면 로컬 정치에 발을 들여 놓기가 어려운 곳이 울산이다. 타지 출신들의 정주의식이 낮아서 울산의 정치에 참여하려는 의지가 부족한 면도 있겠지만,

울산의 정치 서클이 매우 폐쇄적인 구조를 가지고 있기 때문이다. 울산 정치에는 '우리가 남이가'라는 특유의 동향의식이 자리 잡고 있다. 이는 지방선거 정당공천제 때문에 더욱 심화되고 있다. 공천권은 지역 국회의원들이 장악하고 있다. 이들은 자기 수하로 활용하기에 용이한 사람들, 즉 지연이나 학연으로 연결되어 있는 자기 주변의 지역인물을 공천한다. 아무리 울산의 사회와 정치에 관심을 가지고 있어도 지역적 연고가 없으면 참여가 불가능한 것이 현실이다. 울산에 존재하는 세계적인 기업의 경영자, 다양한 전문가 그룹이라 할지라도 이 지역적 장벽 앞에서는 무력하다. 울산 출신들로 구성된 폐쇄적인 소수 이너서클이 울산의 정치를 장악하고, 서로 '형님, 아우'하면서 로컬 정치가 운영되고 있다. 울산에 포진한 다양한 인적자원을 활용하여 지역발전을 도모할 수 있는 길이 봉쇄되어 있는 것이다.

이런 분위기에서 시장은 절대적인 권한을 행사한다. 흔히 제왕적 대통령제라고 하지만 지방자치단체장은 대통령에 못지않은 제왕이다. 대통령은 그래도 국회의 견제와 다양한 언론의 비판에 노출되어 있다. 하지만 로컬 거버넌스에서 시장을 견제할만한 주체는 존재하지 않는다. 시의회의 다수당은 대체로 시장과 같은 정당이며, 게다가 시의원들의 신분을 좌우하는 공천에 시장의 직 · 간접적 영향력이 존재한다. 시의회의 시정부에 대한 견제와 비판은 기대하기 힘들다. 지역 언론은 울산시의 지원이 없으면 거의 생존이 어렵다. 지역 언론이 개최하는 대부분의 이벤트에 시의 협찬은 필수적이다. 지역 언론이 울산시를 견제하고 비판하는 것은 원천적으로 불가능에 가깝다. 울산의 TV뉴스에 거의 하루도 빼지 않고 시장의 홍보성 보도가 등장한다. 예전의 '땡전뉴스'격의 보도와 별로 다르지 않다. 신문기사도 거의 마찬가지다. 기자들 스스로도 시장에 대한 비판은 쉽지 않다고 개인적으로 토로할 정도다. 시민단체는 어떤가. 나도 울산의 시민단체 활동을 해 보았지만, 예전에 비해 성격이 많이 변하였다. 특히 특정 시장 재직기간 동안 이른바 일부 시민단체 출신 상당수가 공적 포스트에 기용되면서 울산의 시민단체는 중립성과 객관성을 상실하였다는 비판을 듣고 있다. 말이 시민단체지 특정 정당과 정파적 이해를 같이하는 주체로 인식되기에 이르렀다. 결국 시장은 시의회, 언론, 시민단체 등 외부적 견제를 크게 두려워 할 필요가 없게 되었다. 심하게 말하면, 거의 '지역의 영주' 같은 존재가 되었다고 할 정도다.

지방자치를 풀뿌리민주주의라고 하지만, 실제로 울산이라는 지방에서 보면, 현실은 지역의 특정 집단이 장악한 폐쇄적 체제와 유사하다. 60년대 미국사회에서 전개된 지배집단론에 비추어 설명하자면, 울산은 특정 지배집단이 존재하는 '비민주적 체제'로 보이는 경우가 많다. 겉으로는 다양한 언론과 시민단체의 활동이 등장하고, 간혹 시장의 정책추진이 이들로 인해 수정되거나 중단되는 경우도 발생한다. 그래서 외형적으로는 민주적 거버넌스가 형성·작동되고 있는 것으로 보이는 경우도 있다. 하지만 울산의 거버넌스는 철저하게 '관官주도'다. 울산시가 중심이 되어 사회적 이슈를 선도하고 이를 지역 언론이 보도를 통해 적절히 거든다. 물론 울산시의회는 이를 적극 지지한다. 지역의 전문가들은 나름대로 자신의

견해가 있으나 이를 표출할 적당한 통로가 없거나, 아예 관심을 기울이지 않는다. 시민단체는 비교적 독자적으로 다른 의견을 내는 경우가 있지만, 이들은 시장이 누구냐에 따라 선택적인 행태를 보이는 경우가 많아서 객관성, 중립성을 의심하는 시민들이 많다. 그 결과 시민들의 지지를 얻는 데는 한계가 있다. 이 결과 울산은 철저하게 '관주도 거버넌스'가 형성되어 있으며, 그 한가운데 시장이 마치 '제왕'처럼 자리 잡고 있다.

이러한 현상은 비단 울산에서만 볼 수 있는 것은 아니다. 수도권을 제외한 우리나라 대부분의 도시에서 볼 수 있는 지방의 정치·행정의 현실일 것이다. 제왕적 시장과 관주도 거버넌스에서 추진되는 정책과정은 많은 문제점을 안고 있다. 우선 시장이 바뀌면 기존 정책의 대폭적인 변화가 초래된다. 기존 시장이 추진했던 정책은 상당 부분 취소되거나 수정되는 경우가 많다. 또 시장의 즉흥적인 결정으로 중요한 정책들이 등장하거나 사라진다. 충분한 숙의 과정이나 시민들의 의견수렴 절차가 생략되는 경우가 많다. 거버넌스 내에 시장의 정책추진에 반대하는 주체들이 별로 없으므로 웬만하면 시장이 결정하는 대로 정책이 굴러간다. 간혹 반대 여론이 형성되어 좌절되는 경우도 있으나 이는 상당한 예외에 해당한다. 즉흥적으로 결정했으니 당연히 후유증이 발생한다. 불합리한 정책이 등장하고, 기존정책이 표류하고, 정책집행 과정에서 상당한 시행착오가 발생하는 것은 물론이다. 하지만 누구도 크게 문제를 제기하지 않기 때문에 유야무야 흘러가고 만다. 이것이 울산을 비롯한 지방정부 정책과정의 현실의 일각이다. 당연히 이로 인해 초래되는 불필요한 사회적 비용은 모두 시민들의 몫이다.

이 책의 두 번째 파트인 '울산 그리고 지방'에 관한 글에서는 이러한 관점에서 울산의 정치·행정의 현실과 한계를 많이 지적하고 있다. 하지만 울산은 여전히 매력적인 도시다. 울산시민들이 늘 하는 얘기가 있다. "서쪽으로 가면 우리나라 최고의 등산코스인 영남알프스가 있다. 그리고 동쪽으로 가면 푸른 동해바다가 자리하고 있다. 이런 천혜의 자연자원을 가진, 살기 좋은 고장이 어디 있는가." 맞는 말이다. 게다가 이제는 도심에 푸른 대나무 숲이 일품인 태화강 국가정원이 있고, 뉴욕 센트럴 파크보다 더 넓은 울산대공원이 자리하고 있다. 산업도시에서 생태도시로 획기적으로 변모한 우리나라 유일의 도시로 평가된다. 인구감소와 경기변동 등으로 다소간 부침을 겪고는 있으나 여전히 무한한 발전 가능성을 가지고 있는 곳이다. 60년대 우리나라 경제발전의 구심점 역할을 했듯이, 미래에도 울산은 대한민국의 경제의 견인차 역할을 해야 한다. 흔히 삼성전자가 힘들면 우리나라가 위태롭다고 하지만, 그보다 울산의 제조업이 무너지면 우리나라 경제는 기댈 곳이 없어진다.

울산을 생각할 때 항상 아쉬운 점은, 울산이 가지고 있는 여러 가지 잠재력과 경제적인 영향력에 비해 전국적인 위상은 낮다는 것이다. 전국적인 지명도를 가진 유력 정치인을 배출하지 못하기도 했고, 부울경이라는 지역의 한 묶음으로 간주되어 부산이나 경남에 비해 상대적으로 관심도가 낮기 때문인 것 같다. 여전히 울산을 공해도시나 노조 중심의 도시라는 과거 이미지를 그대로 가지고 있는 사람들도 꽤 있다. 하지만 한번 울산을 방문해 본 사람들은 대부분 두 번 놀란다. 한번은, 생각했던 것보다 훨씬 더 대단한 울산의 산업시설을 보고, 또 한 번은, 울산의 자연, 즉 태화강과 동해를 보고 놀란다. 그리고 그동안 울산을 제대로 알고 있지 못했음을 고백한다. 일반적으로 사람들은 한번 고정관념이 형성되면 쉽게 바꾸지 못한다. 다른 사람들이 자기를 어떻게 생각하는지 잘 모르는 것과 마찬가지로, 울산시민들은 울산 외부에서 울산을 어떻게 인식하고 있는지 잘 모른다. 우리는 부자도시고, 태화강 국가정원이 있고, 그래서 살기 좋은 동네라고 생각하고 있지만, 외부의 시선은 다른 것이다. 이러한 인식의 갭은 울산에 대한 '부당한 대접'의 한 원인이 되고 있다. 나는 늘 이 점을 아쉽게 생각해 왔다. 울산의 정치인, 언론인 등 지역사회 리더그룹은 울산에 대한 외부의 시각을 어떻게 긍정적으로 변화시킬 것인가에 대해서 더욱 더 고민해 주었으면 한다.

울산시민들은 울산 공통의 문제에 대해서 단합된 힘을 보여준 사례가 꽤 있다. 내 기억에 가장 강렬한 것은 KTX 울산역 유치를 위해 노력한 시민들의 모습이다. 당초 정부는 경주 건천 부근에 역을 건설할 예정이었는데, 당시 40만명이 넘는 시민들이 참여한 서명운동 등으로 기어코 울산역 유치에 성공하였다. 시민들이 한목소리로 단합하여 국립대 신설을 이룬 것도 역시 대단한 성취라고 할 수 있다. 인구 감소와 경기침체 등으로 어려움을 겪고 있지만, 울산은 시민들의 단합을 바탕으로 이를 극복해낼 수 있는 저력을 가지고 있다. 앞으로도 다양한 시민들의 적극적인 참여를 유도할 수 있도록 더욱 개방적이고 민주적인 거버넌스가 구축되기를 기대한다.

나는 울산출신은 아니지만 '준準울산사람'으로서 늘 울산에 관심을 갖고 살아왔다. 신문기사는 물론이고 학술논문에서 조차 울산이 언급되면 하나도 빼지 않고 면밀히 살펴보고는 했다. 그동안 여러 매체를 통해 울산의 정치 · 행정을 신날하게 비판해 왔지만, 이는 모두 울산에 대한 관심과 애정이 바탕이 된 것이었다. 앞으로도 마찬가지다. 울산을 끊임없이 지켜보면서 울산이 지속적으로 변화하며 발전할 수 있도록 조금이나마 나름대로의 방식으로 힘을 보태려고 한다.

정책이란 무엇인가

신탁神託의 교훈

또 한 해가 시작되었다. 대통령의 느닷없는 계엄과 탄핵심판으로 특히 올해는 연초부터 분위기가 어수선하다. 트럼프의 재등장으로 국제정세도 어지럽고, 풀리지 않고 있는 경제에 대한 불안과 살림살이에 대한 걱정도 여전하다. 아무리 어렵지만 새해에는 모두 희망과 기대를 안고 출발한다. 그래서인가 새해에는 한 해의 운세를 점쳐보는 사람들이 많다. 고대 서양에서는 미래를 예측하기 위해 신탁이 널리 활용되었다. 다른 나라와 전쟁을 앞두거나, 큰 공사를 시행하려고 할 때, 또는 왕조의 운명이 궁금할 때는 예외 없이 신탁을 구하러 나섰다. 그리고 '믿거나 말거나' 식이 아니라 통치자들은 대부분 신탁에 의존하여 결정을 내렸다.

역사의 아버지로 일컬어지는 고대 그리스의 헤로도토스Herodotus, BC484~BC425는 그의 저서 『역사』Historiae에서, 고대 그리스나 이집트 등에서 무수히 시도되었던 신탁의 내용을 살펴보고 두 가지의 교훈을 도출하였다. 하나는 '지나친 번영은 위험하다'는 것이고,

다른 하나는 '조상이 범한 죄는 자손이 갚게 된다'는 것이다. 이는 수 천 년 전에 신들이 당시의 인간들에게 내린 계시이지만 현재를 사는 우리에게도 커다란 함의含意를 던지고 있다.

헤로도토스는 고대에 융성했던 왕조들의 몰락은 대부분이 자만과 만용으로 스스로 무너진 것으로 보았다. 우리는 소위 잘 나가던 인사가 갑자기 주저앉는 경우를 본다. 시장에서 승승장구하던 기업이 쇠퇴하는 경우도 흔히 나타난다. 한 때는 세계를 호령했던 국가가 중소국으로 전락하는 경우도 있다. 선거에서 지지율이 상당 정도 앞서던 후보가 이에 취해 변화를 주저하면서 지지율이 고꾸라지기도 한다. 기대를 한 몸에 받고 등장한 신예들이 초심을 잃고 자만에 빠져 오래가지 못하고 중도에 하차하는 경우도 있다. 소니는 한 때 세계시장을 점령했지만 혁신의 부재로 삼성에게 추월당하고 말았다.

이런 결과가 나타나는 것은 많은 경우 두드러진 성공이 가져오는 정신적 해이와 안일에 기인하는 바가 크다. 일시적인 성취는 겸손과 절제의 마비를 유발한다. 지나치게 자신감이 충만하여 주위의 조언도 무시하고 기존의 방식을 고집한다. '반성과 점검' 없이 '자기 확신'에 빠져 비이성적이며 과거지향적인 결정을 내린다. 이렇게 되면 결국 개인이나 기업, 국가 모두 쇠퇴의 길을 걷게 된다. 적은 내부에 있다는 것이 만고의 진리인 셈이다. 그래서 헤로도토스는 지나친 번영은 대부분 몰락을 가져온다고 경고한 것이다.

두 번째 교훈은 인과응보因果應報의 의미를 담고 있는 것으로서 현대적인 해석이 필요하다. 현세대가 저지른 일은 후세대가 감당하게 된다는 의미로 보는 것이 적당할 것 같다. 현세대가 잘못된 정책을 시행하면 그 부담과 피해는 다음 세대에게 돌아간다는 의미이다. 제도나 정책의 영향은 생각보다 오랫동안 지속된다. 건강보험제도를 변경하여 적용대상을 확대시키면 당대에는 혜택을 보는 사람들이 늘어나지만 그에 필요한 비용은 후세대의 부담으로 돌아간다. 여러 명목으로 현금을 풀면 당장은 달콤할지 모르지만 이로 인한 미래의 고통은 오롯이 후세대의 몫이다. 요즘 정치인들은 아무리 선거에 유리하다고 하지만 50조, 100조가 들어가는 사업들을 아무렇지도 않게 내뱉는다. 이미 국가채무가 1000조를 넘어선 상황이고, 젊은이는 줄고 노인들은 증가하는 역삼각형 인구구조에서 연금, 의료, 사회복지비 등을 감당해야 하는 후세대에게 더 이상의 부담을 안기는 것은 '조상의 죄'라고 할 수 밖에 없다.

헤로도토스는 번영을 하지 말라고 한 것이 아니다. 성공과 번영을 위해 노력하되 이를 성취한 후에도 안주하지 말고 항상 겸손하게 자신을 돌아보며 절제하라는 것을 역설하고 있는 것이다. 또 어떤 행위든지 미래, 즉 후대에도 영향을 미칠 수 있으므로 신중하게 숙고하여 미래지향적 관점에서 제대로 된 결정을 내릴 것을 강조한 것이다. 한 해를 시작하며 새 출발을 모색하는 시기이다. 헤로도토스가 제시한 신탁의 교훈이 새해의 다짐에 참고가 되었으면 한다.

잡초를 배워라

장마가 끝나고 곳곳에 잡초가 무성하다. 번듯하게 서 있는 소나무나 참나무에 비교하면 잡초는 키도 작고 가늘어 보잘 것이 없다. 흔히 잡초는 강인함의 대명사로 알려져 있지만 의외로 연약한 식물이다. 그래서 잡초는 열악한 환경을 극복하고 다른 식물들과의 경쟁에서 살아남을 수 있는 나름대로의 생존전략을 가지고 있다. 요즘 국민들이 팍팍한 경제상황으로 큰 어려움을 겪고 있다. 중앙정부와 지방정부는 이를 타개하기 위해 다양한 대안을 마련하고 있지만 여전히 역부족이다. 이런 상황에서 잡초의 생존전략은 정부 정책에 시사하는 바가 크다.

우선 잡초는 다양성을 추구한다. 같은 종種의 잡초라도, 논에서 크는 잡초와 밭에서 자라는 잡초의 씨앗이 다르며, 키가 큰 것도 있고 작은 것도 있다. 생존을 위하여 환경에 따라 스스로 변화하여 다양한 변종을 만들어 내는 것이다. 종이 균일하면 환경변화에 대한 적응력이 떨어져 모두 다 절멸할 수 있기 때문이다.

우리나라 지방을 보자. 어느 지방에서 성공했다고 알려진 사업이 있으면 많은 지방에서 벤치마킹이라는 명목으로 충분한 검토 없이 자기 지역에 그대로 도입한다. 한때 통영의 동피랑 벽화가 입소문을 타자 전국에 벽화마을이 유행하더니 지금은 시들하다. 최근에는 해상케이블카, 짚라인, 출렁다리 등이 방방곡곡에 들어서고 있다. 영화제는 또 어떤가. 전국의 웬만한 도시치고 영화제가 없는 곳이 없을 정도다. 지방마다 그만그만하고 별 특색 없이 비슷한 시설들이 들어서고 행사들이 시행되고 있다. 처음에는 반짝하고 관심 대상이 되지만 불과 몇 년 되지 않아 골칫거리나 흉물로 전락하는 경우가 너무도 많다. 잡초가 절멸하지 않고 오랜 세대에 걸쳐 생존하는 것은 균일성을 탈피하여 개성 있는 다양성을 유지하기 때문이다. 맥락도 여건도 다른 타지방의 것을 손쉽게 베껴 오니 전국에 어디를 가도 시설과 행사, 기념품들이 비슷하다. 이들이 사람들의 관심에서 멀어지는 것은 시간문제이다.

잡초는 항상 대안을 가지고 있다. 잡초의 가장 최상의 목표는 씨앗을 퍼뜨려 생존하는 것이다. 이를 위해서는 바람이나 곤충이 꽃가루를 옮겨주어야 한다. 만일 바람이 불지 않거나 곤충이 몰려들지 않으면 잡초는 생존이 어려워진다. 그래서 잡초는 이러한 경우에 대비해서 자가수분自家受粉을 하는 등 다양한 플랜B를 마련하고 있다.

정책으로 치면 유연성을 가지고 있는 것이다. 주지하다시피 모든 정책은 예상과는 다른 결과가 나오기 십상이다. 이 때 이념이나 이해관계에 치우쳐 고집스럽게 기존 정책을 계속 추진하면 회복하기 어려운 피해가 발생할 수 있다. 이른바 '임대차 3법'으로 전세가가 급등하고, 아파트가격은 계속 상승하고 있다. 코로나 확진자가 급속히 증가하고 있지만 백신접종률은 제자리 걸음이다. 그럼에도 불구하고 부동산정책을 수정하거나 백신확보에 총력을 기울이는 플랜B는 보이지 않는다. 기존 방식이 적용되지 않을 때는 이념을 초월하고, 지지층의 반발을 두려워하지 않는 과감한 정책전환과 새로운 발상이 필요하다. 환경의 변화에 유연하게 대응하여 '생존'이라는 목적을 여유 있게 달성하는 잡초를 보라.

뽑아도 계속 자라나는 잡초는 부정적 의미가 강하다. 하지만 알고 보면 잡초같이 탁월한 생존전략가도 없다. 오히려 정부가 만들어 내는 정책 중에는 잡초보다 못한 것이 더 많다. 결과를 면밀하게 분석하지 않고 이념만을 앞세우는 정책, 분명히 부작용이 드러났음에도 불구하고 수정이나 보완 없이 강행되는 정책, 다른 지역에서 시행되는 것을 그대로 베껴오는 정책, 이들 모두 잡초의 관점에서 보면 한심한 정책들이다. 정부뿐만 아니라 기업, 대학 등 어느 조직이나 나름대로 여러 정책대안들을 만들어 내고 있다. 이들 중에는 정말 의미 있는 것도 있지만, 문제해결에 필요한 다양성과 유연성을 갖추고 있는지 의문이 드는 것이 많다. 열악한 조건에서도 최선의 생존방안을 찾아내는 잡초를 배워보기 바란다.

정책의 성공과 실패

성공과 실패만큼 주관적인 개념도 없을 것이다. 성공과 실패의 기준에 대한 생각이 사람마다 모두 다르기 때문이다. 일반적으로 성공했다는 사람들도 또 다른 기준으로 보면 별 것 아닌 것으로 보일 수도 있다. 돈이 많거나 지위가 높거나 주변의 신망이 높은 사람들을 성공했다고 얘기할 수 있으나, 다른 측면에서 보면 오히려 인생이 참 안 됐다는 소리를 들을 수도 있다. 정책도 마찬가지이다. 정부가 성공했다고 주장하는 정책도 사람에 따라서는 오히려 실패했다고 부정적인 평가를 내리는 경우가 허다하다. 이 역시 정책의 성공과 실패에 대한 판단은 주관적인 것이며, 누구나 동의하는 하나의 기준이 있을 수 없기 때문이다. 특히 정책의 경우는 개인적 신념이나 가치관, 정치적·경제적 이해관계 등에 따라 동일한 결과에 대해 전혀 다른 기준으로 성공과 실패를 판정하는 것이 일반적인 현상이다. 그만큼 정책에는 우리가 생각하는 것 이상으로 다양한 요소가 포함되어 있고, 또 영향을 미치기 때문이기도 하다.

사실 정책은 성공하기보다는 실패할 가능성이 훨씬 더 높다. 근본적으로 정책은 미래에 발생할 결과를 사전에 예측하여 결정하고 집행하는 것이기 때문이다. 최저임금 인상은, 가계의 임금과 소득을 올리면 소비도 늘어나 경제성장이 이루어진다는 것을 예상하고 만들어진 정책이다. 그런데 아무리 통계나 미래 예측기법과 이론이 개발되었다고 해도 전지전능한 신이 아닌 이상 누가 미래를 정확히 예측할 수 있겠는가. 따라서 정책결정 당시에 예상했던 대로 결과나 나올지 안 나올지는 실제 집행을 해봐야 알 수 있다. 이는 인간이 지닌 합리성의 한계bounded rationality 때문에 극복하기가 거의 불가능한 측면이다.

정책의 성공을 어렵게 하는 다른 요소는, 대부분의 정책이 의도한 효과만이 아니라 예상하지 못했던 결과unexpected effects와 부수효과side effects를 가져오기 때문이다. 그런데 정책결정자들은 자신이 추구하는 목표의 달성에 집착하는 나머지 부정적인 부수효과나 파급효과에 대해 무지하거나 심각하게 고려하지 않는 경우가 많다. 최저임금 인상을 통해 임금소득자의 소득이 증가했다는 '의도했던 효과'에 주목하고, 부수효과로 나타나는 최하위 소득층의 일자리와 소득감소라는 부정적인 측면에 대해서는 상대적으로 소홀해 지는 것이다. 하지만 대부분의 정책은 의도한 결과 외에, 정도의 차이는 있지만 부정적 부수효과를 발생한다. 만일 아무리 효과적인 정책이라도 부정적 부수효과가 더 크다면 이는 실패한 것으로 판단해야 할 것이다.

성공여부에 대한 판단에는 시간적 요소도 고려해야 한다. 특정 시점에서 보면 실패한 정책도 다른 시기에 보면 성공한 것으로 보일 수도 있을 것이다. 권위주의 정권에서 건설된 '평화의 댐'이 한때는 무용지물로 평가되었으나, 2000년대 이후 두 차례에 걸쳐 보강공사를 할 정도로 지금은 그 효과를 긍정적으로 평가하고 있는 것이 좋은 예이다.

이와 같이 정책의 성공 여부에 대한 판단은 매우 주관적이고 여러 요소를 고려해야 하지만, 근본적으로 미래예측을 토대로 결정되고 집행되는 정책은 숙명적으로 실패할 가능성이 크다. 따라서 정책담당자들은 정책의 수정 및 보완에 대해 열린 자세로 긍정적으로 받아들일 필요가 있다. 집행과정에서 나타나는 다양한 결과들을 면밀히 관찰하고 분석하여 현실에 맞게 정책을 조정해 나가는 것이야말로 정책집행의 정석定石이다.

어떤 정책도 완벽한 것은 있을 수 없다. 미래를 정확히 예측하고, 예측된 대로 결과가 나타나는 정책은 존재하기 어렵다. 따라서 정책 추진과정에서 나타나는 부정적 부수효과나 의도하지 않은 결과가 나타나는 것을 솔직히 인정하고 이를 적시에 보완하는 조치를 취하는 것이 정책담당자들의 올바른 자세이다. 자신들의 정치적 신념이나 혹은 자존심, 또는 기존 정책관련자들로부터의 지지 등을 의식하여 이를 주저한다면 더 큰 부담으로 돌아올 가능성이 크다. 정녕 정책실패를 원치 않는다면 정책의 수정과 보완을 두려워하지 말기 바란다.

‘정치’의 영역과 ‘전문’의 영역

정부정책이 국민들에게 미치는 영향은 생각보다 크다. 정책 내용의 일부분만 바뀌어도 여러 사람과 집단의 이해관계가 크게 달라질 수 있다. 또 정책의 새로운 내용에 적응하기 위해서는 상당한 시간과 노력이 필요하다. 자신들에게 미치는 영향을 분석하고 어떻게 대응할 것인가를 고민해야 하기 때문이다. 따라서 새로운 정책을 도입하거나 기존 정책을 변경할 때 분명한 근거나 타당성이 뒷받침 되지 않으면 국민들은 정책변화를 쉽게 받아들이지 않는다. 그럼에도 불구하고 정부정책이 충분한 근거도 제시되지 않은 채 느닷없이 변경되는 경우가 너무 자주 발생하고 있다. 이는 정책의 일관성과 안정성을 해칠 뿐만 아니라 더 심하면 정책혼란으로 이어져 엄청난 사회적 비용을 야기할 수도 있다.

그런데 정책변화의 상당 부분이 정치적 고려에 의해서 이뤄지고 있다는 점이 더욱 문제이다. 전문가들이 모여 일정한 기간 동안 연구와 분석을 하고 이 결과를 토대로 결정되어야 할 사안들이 정치적 판단에 의해 일방적으로 추진되고 있는 것이다. 정책결정에는 정치가 담당해야 할 영역과 전문가들이 수행해야 할 영역이 있다. 정치권력을 가진 집단이 정치적 고려에 의해 얼마든지 정책변화를 시도할 수 있다. 하지만 전문영역의 협조와 도움을 배제한 채 오로지 정치적 판단으로 결정된 정책은 타당성과 합리성이 결여될 가능성이 크며, 이로 인해 정책실패policy failure로 귀착될 확률이 높다. 대표적인 사안들이 바로 교육, 에너지, 외교 분야에서 나타나는 전격적인 정책변화의 추진이다.

교육부는 최근 대학입시에서 정시 선발비율을 확대하도록 결정하였다. 대통령이 정치적 고려에 의해 정한 지침을 그대로 따른 것이다. 교육문제는 경제, 사회 등 여러 분야에 미치는 파급효과가 크기 때문에 이를 잘 파악해야 하고, 무엇보다 장기적 관점에서 접근되어야 한다. 대통령의 단발성 지시에 따라 급하게 결정될 사안이 아니다. 이 결과 현재 중2부터 고2까지 매년 서로 다른 입시제도가 시행되는 황당한 상황이 발생하게 되었다. 에너지정책도 마찬가지이다. '탈원전' 자체는 정치적 고려에 의해 결정할 수도 있다. 하지만 탈원전과 신재생에너지 비중확대 정책의 추진시기, 방법, 절차 등 구체적 사항은 전문의 영역이다. 원자력, 환경, 경제전문가 등이 충분한 시간을 가지고 논의한 결과를 반영하여 에너지정책의 변화를 추진하는 것이 정상적인 방식이다. 외교정책은 또 어떠한가. 외교정책의 큰 방향은 물론 정치의 영역에서 결정되는 것이 맞다. 하지만 이를 추진하는 과정에서는 수년 동안 외교현장에서 훈련된 외교관들의 전문성을 바탕으로 한 정교한 접근이 필요하다. 외교

경험이 일천한 인사들이 주요국 대사나 외교안보 요직에 앉아 어설픈 정치적 결정 내리고 무리하게 추진하는, '외교의 정치화'가 국익을 위태롭게 하고 있다.

이들 정책사례에서 나타난 바와 같이 전문의 영역이 무시되고 정치의 영역이 과도하게 정책과정을 지배하면 정책의 질적 수준은 떨어지기 마련이다. 정치는 주로 정책이 초래할 정치적 이익, 즉 지지율 상승과 같은 초단기적 '정치적 효능'만 고려하는 경우가 많다. 또한 정치적 결정은 장기적 안목이 부족하고, 정책의 다양한 사회적, 경제적 영향을 파악하지 못한다. 그래서 정책과정에서는 정치의 영역과 전문의 영역이 적절히 조화를 이루어야 한다. 정책의 구체적인 내용을 제대로 구성하고 체계적인 집행을 위해서는 객관적이고 중립적인 전문가 그룹의 의견을 반영해야 한다. 더구나 교육, 에너지, 외교 등은 장기적으로 나타날 사회적 비용과 효과를 철저히 예측하며 정책을 신중하게 마련해야 하는 분야이다. 길어야 5년 임기의 정권 차원에서 정치적 고려에 의해 완결적으로 결정되어야 할 정책들이 아니다.

정책의 '화끈한' 변화를 통해 정치적으로는 반짝 단기 효과를 거둘 수도 있지만, 장기적으로는 정책실패로 인한 사회적 비용의 증가로 이어질 수 있음을 명심해야 한다. 적어도 정책에서만큼은 '정치'의 영역을 축소하고 '전문'의 영역이 확대되기를 기대한다.

정책이 만만한가

오래 전의 일이다. 선거에 당선하고 취임한 지 얼만 안 된 기초자치단체장을 만났는데, 결재하기가 겁난다는 것이다. 취임 초기라 의욕도 넘치고 하고 싶은 일도 많을 것으로 생각했는데 의외의 대답이었다. 자신이 싸인을 하면 그것으로 정책이 최종적으로 완성되는데, 혹시라도 정책이 의도한 대로 작동되지 않아 주민들에게 피해가 돌아갈까 봐 걱정이 된다는 것이다. 그래서 더 꼼꼼하게 따져보고, 돌다리도 두들겨서 건너가는 심정으로 결재를 하곤 했다는 고백을 들었다.

기초자치단체장은 불과 인구 십만도 안 되는 주민에게 영향력을 행사하는 자리이다. 이에 비해 수천만의 국민들을 대상으로 하는 중앙정부와 국회가 최근 부동산 대책을 결정하는 과정을 보면 정책을 너무 안이하게 보는 것 같아 우려가 크다. 단 이틀 만에 부동산 관련 법안이 국회에 상정·의결되고 국무회의에서 공포 · 시행되었다. 아마 우리나라 의정사상 초유의 일일 것이다. 과연 이들 법안이 폭등하는 수도권 집값을 잡을 수 있을 것인가는 차치하고, 정책학을 공부하는 입장에서 정책을 이렇게 결정해도 되나 하는 회의懷疑가 든다.

사회문제가 발생하면 정부는 이를 해결하기 위한 정책을 마련해야 한다. 정부의 존재이유다. 국민으로부터 세금을 거두고 행정조직과 공무원을 두는 것도 다 이를 위한 것이다. 정부가 만드는 정책이 의도한 대로 효과가 발생하여 문제가 말끔하게 해결되면 얼마나 좋겠는가. 하지만 정책은 그렇게 간단한 것이 아니다. 정책에는 항상 긍정적·부정적 측면이 공존한다. 정책으로 이익을 보는 사람이 있으면 또 손해를 보는 사람이 존재하기 마련이다. 한 집단에게 유리하면 다른 집단에게는 그만큼 불리한 것이다. 하나의 문제가 해결되면 또 다른 문제를 유발할 수도 있는 것이 바로 정책이다. 정책은 시간적으로도 효과가 다르게 나타난다. 단기적으로는 매우 훌륭한 정책으로 보여도 중장기적으로는 형편없는 정책이 될 수도 있다.

정책은 이와 같이 다양한 이해관계가 얽혀 있고, 고려해야 할 사항들이 많기 때문에 정책결정의 절차를 마련해 놓았다. 행정부 내부에서는 관련부처 관료들이 전문성을 바탕으로 해당 사항을 면밀히 검토하여 안을 만들고, 국민의 대표로 구성된 국회에서는 국민들의 다양한 의견이 정책에 반영될 수 있도록 여야 간의 토론과 협의 과정을 마련하고 있는 것이다. 이런 과정들이 불필요하고 시간낭비로 보일 수도 있지만, 만에 하나라도 불합리한 정책이 결정되었을 때 나타나는 사회적 비용을 줄이기 위해서는 반드시 거쳐야 할 필수적인 과정인 것이다. 특히 부동산정책과 같이 국민들의 경제생활에 미치는 범위가 넓고, 사회적 갈등을 내포하고 있는 정책일수록 다소 시간이 걸리더라도 정책의 부작용과 폐해에 대해 보다 충분한 검토와 조정이 필요하다.

이와 관련하여 최근 강조되고 있는 것이 바로 증거기반 정책결정evidence-based policy making, EBPM이라는 개념이다. 이는 실증적인 조사연구를 통해 얻을 수 있는 정보와 지식을 활용하여 의사결정을 하는 것을 의미한다. 정치적 고려, 관행적 판단과 같은 검증되지 않은 주관적, 이념적 요인을 배제하고 과학적이고 객관적인 연구에 의한 근거를 강조한다. 부동산 가격 폭등과 관련한 변수는 너무도 많다. 교육, 금융은 물론이고 심리적 측면도 강하다. 이들에 대한 종합적·체계적 검토를 통해 폭등의 원인과 합리적인 해결책에 대한 '증거'를 마련하고, 이를 토대로 협의와 토론을 거쳐 정책을 결정하는 것이 바람직하다는 것이다. 절차도 민주적이며 정책의 합리성도 높일 수 있는 접근방법이다.

이틀 만에 정책을 처리한 정부와 여당은 추후 문제가 생기거나 부작용이 발생하면 즉시 새로운 정책대안을 마련하겠다고 한다. 오만한 생각이다. 정책은 그리 만만한 것이 아니다. 땜질식 졸속 정책은 기존 문제를 더 악화시키거나 새로운 문제를 야기할 뿐이다. '증거기반 결정'까지는 미치지 못하더라도, 정책 앞에 겸손했던 기초자치단체장의 자세를 되새기기 바란다. 정책은 생각만큼 결코 만만한 것이 아니다.

빤짜딴뜨라의 원숭이

원숭이 한 마리가 살고 있었다. 갑자기 날이 추워져 불을 피우려고 했다. 주변을 둘러보니 반딧불이 날아다녔다. 원숭이는 반딧불을 진짜 불로 알고 그것을 잡으려고 이리저리 뛰어 다녔다. 이를 지켜보던 참새 한 마리가 그건 불이 아니라고 말해주었다. 하지만 원숭이는 이를 듣지 않고 계속 반딧불을 잡으려고 날뛰었다. 참새는 원숭이가 하도 한심해서 쫓아다니며 그건 불이 아니라고 재잘거렸다. 화가 난 원숭이는 참새를 잡아서 땅에 내팽개쳐 버렸다. 인도의 우화집 '빤짜딴뜨라'에 나오는 이야기다.

빤짜딴뜨라는 기원후 100년에서 500년 경 사이에 인도에서 만들어진 것으로 추정되는 우화집이다. 인도의 현인이 왕자들을 교육시키기 위해 동물을 등장시켜 들려주는 우화들로 구성되어 있다. 이 원숭이 이야기는 어리석은 자에게는 조언이 소용없다는 교훈을 담고 있다. 달리 얘기하면 어리석은 자는 훌륭한 조언도 받아들이지 않는다는 것을 의미한다.

천오백년도 더 된 옛이야기이지만 오늘날에도 이런 현상은 우리 주변에서 흔하게 볼 수 있다. 어느 조직이나 높은 사람에게 직언을 하는 것은 쉽지 않은 일이다. 여차하면 팽개쳐진 '참새' 신세가 될 수 있기 때문이다. 물론 책임 있는 인사라면 자신의 직을 걸고서라도 정직한 조언을 해야 한다고 말은 하지만, 현실에서 이를 실천하는 것은 어렵다. 그래서 실제로는 아첨꾼과 간신들이 더 설치고 각광을 받는 것인지도 모른다.

이런 상황을 더욱 악화시키는 것은 조직의 고위 인사들이 스스로 '원숭이'가 되려고 하기 때문이다. 다양한 의견을 구하기 보다는, 자신이 제일 잘 알고 있다는 근거 없는 확신으로 독선에 빠지는 경향이 강하다. 전문가를 포함한 여러 사람들이 참여하는 회의에서도 최고위 인사의 발언이 가장 길다.

TV 뉴스화면을 보시라. 주로 대통령이나 시장은 지시하고, 대부분의 참석자는 수첩을 꺼내 놓고 열심히 받아 적는다. 이른바 '적자생존'이다. 진화론자 다윈의 적자생존適者生存이 아니다. '말씀을 잘 받아 적어야 살아남는다'는 의미다. 이런 분위기에서 다른 의견을 제시하거나 '주제넘게' 조언을 하는 것은 '참새'가 되기를 각오하지 않고서는 불가능하다. 권위주의 시대가 종식된 지 수 십년이 흘렀지만, 중국이나 북한의 당 대회와 별로 다를 바가 없는 모습이 정부 기관뿐만 아니라 기업, 대학 등 여러 조직에서 여전히 지속되고 있다.

조직의 장長이 꽉 막힌 '원숭이'가 되는 데에는 우리의 과잉의전도 한 몫을 한다. 어디를 가던 가장 가운데 상석으로 모시고, 연설도 제일 먼저 할 수 있도록 배려하고, 별 의미가 없는 내용인데도 웃음과 박수로 환호를 보내준다. 겸손했던 사람도 이런 대접을 지속적으로 받다보면 '과연 내가 대단한 사람이구나' 하는 착각을 하게 될 정도다. 이런 상황에서 정확하고 객관적인 정보가 조직에 통용되기는 불가능하다. 윗사람의 선호나 기대에 미치지 못하는 정보는 감춰진다. 반면에 위에서 원하고 받고 싶어하는 정보만 제한적으로 전달된다. 결국 정보의 왜곡이 발생하고, 이에 근거해 내려지는 결정들은 당연히 불합리한 엉터리 정책으로 전락하게 된다. 이로 인한 피해는 좁게는 기업이나 대학의 구성원들에게, 넓게는 시민이나 국민들에게 돌아가는 것이 자명하다.

이를 벗어나기 위해서는 조직 구성원들에게 '참새'가 되라고 요구하기 보다는, 먼저 조직의 장이 '원숭이'가 되지 않으려고 스스로 노력할 필요가 있다. 본인의 말을 줄이고 타인의 말을 경청하려는 자세를 가져야 한다. 일방적으로 지시하려고 하지 말고 오히려 회의 참석자들이 하는 얘기를 잘 듣고 받아 적는 태도를 보여야 한다.

빤짜딴뜨라는 단순한 우화가 아니라 우화형식을 빌린 '통치 교과서'라고 할 수 있다. 인도의 현인이 어리석은 왕자들에게 귀를 열고 타인의 조언을 받아들이라고 들려준 1500년 전의 우화는 오늘날 우리에게도 생생한 교훈을 전해주고 있다. 우리도 언젠가는 대통령이나 시장이, 장관이나 시 간부들이 하는 얘기를 귀담아 들으며 자기 수첩에 적는 모습을 볼 수 있을까.

포퓰리즘과 정책의 쇠퇴

포퓰리즘populism은 대중을 뜻하는 라틴어 'populus'에서 유래한 단어다. 그래서 소수 엘리트만이 아닌 다수 대중을 위한 정책을 수립하고, 다수의 참여와 지배를 강조하는 의미를 가지고 있다. 하지만 최근의 포퓰리즘은 본래의 의미와는 다르게 대중의 지지만을 우선시하는 '대중영합주의'로 인식되고 있다. 특히 선거를 앞두고는 모든 정파들이 경쟁적으로 대중에 호소하는 정책들을 쏟아 내는 경향이 두드러지게 나타난다.

이는 포퓰리즘을 제어할 수 있는 거의 유일한 제도적 장치인 예비타당성조사(예타)의 무력화 현상에서 명확히 나타난다. 예타는 사업이 경제적으로 타당한지의 여부를 사전에 엄밀히 평가하여 비효율적이고 불필요한 사업을 걸러내는 제도다. 그런데 국회 자료에 따르면, 2023년 발의 또는 통과된 예타 면제 사업 규모는 최소 92조원이다. 국가재정법상 총 사업비 500억원 이상, 국가의 재정지원 규모가 300억원 이상인 신규 사업은 의무적으로 예타를 받아야 한다. 하지만 '지역 균형 발전'을 위한 국책사업은 예타 면제가 가능하다는 조항을 악용하여 경제적 타당성이 희박한 사업들이 선거를 위해 무더기로 채택되고 있는 것이다. 예타 면제를 통하여 불필요한 정책들을 남발하면서도 정작 국가적으로 반드시 필요한 연금개혁이나 전기료 인상과 같은 것들은 대중의 지지를 얻기 어렵다는 이유로 무한정 미뤄지고 있다.

포퓰리즘은 대중의 선호에 맞추는 것을 최우선으로 하기 때문에 정책을 결정하는데 있어서 합리적인 분석과 체계적인 검토를 생략하는 경향이 강하다. 오히려 분석과 검토는 소수 계층을 위한 정책을 합리화 하는 수단으로 간주하여 혐오한다. 충분한 시간을 가지고 다양한 관점에서 이해관계자의 의견을 조율하고 정책의 긍정적·부정적 파급효과를 분석하여 결정되어야 할 정책들이 '전격적으로' 공표된다. 김포의 서울 편입이라는 이슈를 보자. 이는 수도권과 지방의 균형발전, 대도시 발전전략, 행정권의 개편, 주민들의 편의와 행정적 실현가능성 등 고려해야 할 요소가 한둘이 아니다. 하지만 서울 주변의 도시주민들의 지지가능성이 클 것으로 보고 일단 발표하고 본다. 그 뒤로 이를 실현하기 위한 전문적이고 체계적인 검토가 시행되고 있다는 소식은 들리지 않는다.

포퓰리즘은 정책을 매우 단순하게 취급한다. 하지만 소소한 정책이라도 항상 이해관계자가 있고, 그 정책이 미치는 영향은 예상을 초월하는 경우가 많다. 한마디로 정책은 생각보다 복잡하고 만만한 것이 아니다. 그럼에도 포퓰리즘으로 접근하는 정책결정자들은 정책을 매우 간단한 것으로 취급한다. 특히 정책에 소요되는 비용을 고려하지 않는다. 예컨대 대구와 광주 간 고속철도는 영호남을 연결하는 것만 강조하고 이에 소요되는 엄청난 비용은 관심 밖이다.

포퓰리즘 정책은 고위 핵심 정치인들이 자신의 정치적 이해에 따라 권위적으로 결정된다. 그래서 다양한 이해관계자의 의견을 반영하는 절차가 생략된다. 또한 나름대로 전문성을 보유하고 있는 관료집단이나 국책연구기관들도 별다른 역할을 하지 못한다. 오히려 이들은 나중에 정책을 합리화하거나 정당성을 부여하는 데에 동원될 뿐이다. 언론도 정치적 성향에 따라 여러 정파에서 내세우는 포퓰리즘 정책에 대하여 선택적으로 비판을 가하는 경향이 강하다.

다양한 사회적 소통매체가 발달하면서 포퓰리즘은 더욱 더 강화되고 있다. 유력 정치인의 주장이 일시에 대중들에게 확산되고 이에 대한 반응이 즉각적으로 형성되므로, 정치인들은 관료나 전문가들의 의견을 구할 필요가 없어졌다. 더욱이 사회적 소통매체에는 수많은 '가짜뉴스'가 난무하고, 특정 그룹에 의한 일방적 주장이 아무런 여과 없이 전달된다. 일부 정치인에 대한 팬덤현상까지 감안하면, 포퓰리즘은 앞으로 더욱 더 기승을 부릴 가능성이 크다.

포퓰리즘은 합리적인 정책결정을 가로 막고, 정책을 쇠퇴시키고 있다. 중앙정부, 지방정부 모두 충분한 시간을 가지고 논의되어야 할 중차대한 사안들이 정책결정권한을 가지고 있는 고위 정치인들에 의해 마구잡이로 결정되고 있다. 전문가와 다양한 이해관계자들의 의견을 무시하고, 마치 자신의 결정이 세상에서 가장 합리적이고 훌륭한 정책인 것으로 착각한 채 대중들을 현혹시키고 있다. 정책의 쇠퇴는 필연적으로 국가의 쇠퇴로 이어질 수밖에 없다.

인류 역사에서 한 국가나 정권이 무너진 것은 다름 아닌 포퓰리즘이었다. 로마는 처음에는 하위계층에만 무상으로 곡물을 지급하다가 시민들의 환심을 사기위해 전 계층으로 확대하였고, 나중에는 빵과 고기까지 얹어 주었다. 결국 제국 멸망의 중요한 원인이 되었다. 최근 남미 여러 나라가 겪고 있는 위기도 마찬가지다. 물가상승률이 연간 2500%인 베네수엘라, 국가부도만 9번 낸 아르헨티나는 무분별한 포퓰리즘으로 국가 위기를 겪었다. 이런 역사적 사실과 교훈을 우리나라 정치인들이 깊이 깨달았으면 한다.

* 서울 주변의 수도권 도시들을 서울로 편입하려던 여당(국민의힘)의 계획은 소리 없이 사라지고 말았다. 당초 이 방안이 수도권 시민들의 표심에 큰 영향을 줄 것으로 예상하였으나 찬성 여론이 기대만큼 크지 않았고, 법적 · 제도적 한계가 크다는 사실이 드러나면서 더 이상 이슈화 하지 못하였다. 충분한 분석과 논의 없이 대중영합적 감성에 기반하여 즉흥적으로 추진한 정책의 말로를 보여주는 대표적 사례가 되었다. 그나마 일찍 포기하여 더 이상 사회적 비용을 부담하지 않은 것이 다행이다.

세금은 누가 지키나

흔히 세금을 '눈먼 돈'이라고 한다. 못 먹으면 바보이고, 먼저 먹는 사람이 임자라고도 한다. 세금은 정말 임자 없는 돈인가? 아니다. 엄연히 세금의 주인은 납세자, 즉 국민이다. 국가는 세금을 거두고 사용할 때 국민들의 동의와 승인을 구해야 한다. '대표 없이 조세 없다'No taxation without representation는 명제는 영국 시민혁명의 대원칙이며, 미국 독립운동의 촉매였다. 하지만 최근 중앙정부, 지방정부 할 것 없이 너무도 쉽게 막대한 예산이 소요되는 사업계획들을 발표하는 것을 보면 마치 정부가 세금의 주인인 것처럼 보인다.

국민들이 자기가 낸 세금이 제대로 쓰이는지를 일일이 파악하기는 쉽지 않다. 그래서 자신들의 대표를 뽑아서 세금을 잘 감시하도록 한 것이 대의민주주의의 출발이다. 따라서 국민이 낸 세금을 지켜야할 책임이 가장 큰 주체는 바로 국회이다. 하지만 행정부의 무분별한 예산 편성과 집행을 감시하여 국민들의 세금 수호자가 되어야 할 국회는 이미 그 임무를 포기한 지 오래이다. 이른바 쪽지 예산을 통한 지역구 예산 챙기기가 선거운동의 중요한 무기가 되고 있다. 국회가 행정부의 재정운용을 감시하기는 커녕 국회의원들의 지역구 또는 소속 정당의 당파적 사업 챙기기로 세금낭비의 선봉에 서고 있다. 더 나아가 국회의 다수당을 차지하고 있는 민주당은 전 국민들을 대상으로 현금을 지원하는 입법을 아무렇지도 않게 강행하고 있다. 무려 10조원 이상의 예산이 소요되는 데도 불구하고 충분한 토론이나 여론의 동의를 구하지도 않고 막무가내로 밀어 붙이고 있다. 이는 세금수호자로서의 의회의 역할을 포기한 것이나 다름없다.

행정부 내의 세금수호자는 예산을 담당하고 있는 기획재정부이다. 예산과정에서 예산안을 조정 · 삭감하는 등 재정운용의 합리화를 도모하는 것이 기재부의 역할이다. 하지만 기재부도 청와대나 여당의 정치적 판단에 따른 예산 요구를 거절하기가 점점 어려워지고 있는 것이 현실이다. 기재부의 예산 수호자 역할의 중요한 무기가 바로 예비타당성 조사이다. 대규모 예산이 투입되는 정부사업의 정책적 · 경제적 타당성을 사전에 조사하여 엉터리 사업을 걸러내는 행정부 내부의 세금 안전장치이다. 기재부는 '예타'를 통해 예산 낭비를 방지하고 재정운용의 효율성을 도모해 왔다. 그러나 정부는 수십조 원에 달하는 거대 규모의 사업들에 대해 예타를 면제하는 조치를 취하였다. 타당성이 검증되지 않은 사업들에 국민들의 세금이 대거 투입될 수 있는 길이 열린 것이다.

세금이 눈먼 돈이 되는 가장 큰 이유는, 정부의 예산 지출이 바로 내 호주머니에서 나온 세금으로 이뤄진다는 사실을 납세자인 국민들이 망각하기 때문이다. 최근 정부가 예타 면제 대상으로 선정한 도로, 공항 건설 사업들은 대부분이 지역에 상당한 혜택을 줄 수 있는 것으로 인식되는 것들이다. 당연히 해당 지역주민들은 열렬히 환영한다. 그런데 그 비용은 불특정 다수인 일반국민들의 세금에서 조달된다. 사업의 비용이 일반국민 전체에 할당되어 국민 개개인이 인지하는 비용부담액은 제로에 가까워 아무도 내가 비용을 부담한다고 인식하지 못한다. 이 결과 사업에 대한 강력한 지지집단은 존재하지만 반대집단은 보이지 않는다. 찬반이 갈려 큰 갈등을 야기하지도 않는다. 전국을 돌며 지역 현안 해결 또는 균형발전 명목으로 한 두건씩 나눠주면 주민들이 열광한다. 정작 비용을 부담하는 일반국민들은 조용하다. 정치인 또는 정치집단에게는 꽃놀이패도 이런 꽃놀이패가 따로 없다.

하지만 이런 '꽃놀이'의 결과는 뻔하다. 우리나라의 2023년 말 국가채무가 이미 1000조를 넘어 1,092조 5,000억 원에 달하며, 국가채무에 대한 이자로 지출한 비용만 해도 24조 7,000억 원으로 집계됐다. 우리는 이미 일부 유럽 또는 남미국가에서 국가재정 파탄의 참상을 목격한 바 있다. 이제 남의 일이 아닌 처지가 되었다. 세금은 화수분이 아니다. 감당할 수 있는 범위를 벗어나면 헤어나기 어려운 재정위기에 빠질 수 있다. 세금을 지키기 위해서는 무엇보다 일반국민들이 납세자로서의 의식을 더욱 강화할 필요가 있다. 시민들은 세율이 인상되거나 새로운 세금이 부과될 때에는 매우 예민한 반응을 보이지만, 정부의 재정 지출에 대해서는 상대적으로 둔감한 경향이 있다. 하지만 재정지출 규모의 증가는 당연이 추가적인 세금의 증가를 수반할 수밖에 없다. 정부의 세금 사용에 대해서 매우 엄격한 기준을 들이 대고 감시의 눈길을 멈추지 말아야 하는 이유이다. 물론 국회와 정부도 더 이상 시민들이 위탁한 세금 수호자로서의 역할을 포기해서는 안 될 것이다.

원팀One Team의 함정

런던올림픽에서 동메달을 획득한 축구 국가대표팀의 홍명보 감독은 원팀one team을 강조하였다. 이른바 원팀 정신을 통해 개인보다는 팀 전체를 생각하며 선수들이 하나로 똘똘 뭉쳐 메달획득이라는 공동의 목표를 달성한 것이다. 이와 같이 주로 스포츠에서 강조되던 원팀 정신이 이제는 기업, 정당을 넘어 심지어 대통령실을 비롯한 정부에서도 등장하고 있다.

운동경기에서는 선수들이 일사불란하게 감독의 지시에 따라 움직여야 승리할 수 있지만, 정부 정책은 전혀 맥락이 다르다. 정책 속에는 수많은 이해관계가 얽혀 있어서 단순히 하나의 정책목표만 고려하면 여러 부작용이 생기기 마련이다. 추구하는 목표를 달성하는 과정에서 의도하지 않은 또는 예상치 못한 부작용이나 부정적인 부수효과side effects가 나타나기 때문이다. 예컨대 태양광을 장려하면 신재생에너지 비율은 늘어나지만 산림파괴는 피할 수 없다. 값이 상대적으로 싼 원자력 발전을 줄이면 원전 위험은 감소하지만 전기요금 인상은 불가피하다. 여기에 더해서 정책과정에는 수많은 경제적 · 정치적 이해관계가 얽혀 있어서 이익집단, NGO, 정당 등 다양한 집단이 참여하는 것이 보통이다. 이들은 각자의 이데올로기 또는 이해관계에 따라 다른 주장을 한다. 정책은 이러한 다양한 주장과 가치들을 제도적인 틀 속에서 통합하는 과정을 거쳐야 비로소 결정이 가능하고 집행이 이뤄질 수 있다.

생각해 보시라. 정부에 하나의 사고, 하나의 이데올로기를 강조하는 원팀만 존재한다면 사회의 다양한 목소리를 정책에 담아낼 수 있겠는가. 오히려 일사불란한 '원팀식 정책결정'은 정책오류의 가능성을 높일 수 있다. 정책이 사회에 미치는 다양한 파급효과를 감안하지 못하기 때문이다. 이러한 원팀의 위험성을 이론적으로 정리한 사람이 바로 심리학자 재니스Irving Janis다. 그는 쿠바 카스트로 정권을 전복시키기 위해 피그만Bay of Pigs을 기습 침공하였지만 3일 만에 항복으로 끝난 '피그만 사건' 등 미국 외교정책의 대실패 사례를 분석하였으며, 그 원인으로 집단사고group think를 들고 있다. 그는 '집단사고'를 "응집력이 강한 집단의 성원들이 어떤 현실적인 판단을 내릴 때 만장일치를 이루려고 하는 사고의 경향"이라고 정의했다. 쉽게 말하면, 유사한 사람들이 모여 집단적으로 낙관론에 빠져 정책이 가져올 부정적인 측면을 전혀 고려하지 못하는 현상이다. 이러한 경향은 정책결정 집단 내부 구성원들 사이에 동질성과 단결심이 크면 클수록 더 커진다고 경고하고 있다. 명문대 출신으로 구성된 미국의 엘리트 외교안보 관료들이 어처구니없는 실수로 정책이 실패한 이유는 바로 이 집단사고 때문이라는 것이다.

지나친 원팀의 강조는 구성원들 사이에 동조과잉overconformity을 야기하고, 이로 인해 구성원 간에 합리적인 토론을 어렵게 하고 다른 대안을 고려하지 못하도록 유도한다. 실패가 뻔한 정책도 매우 바람직한 정책으로 간주하는 오류를 범하게 되는 것이다. 더구나 배경이 비슷한 사람들만 모여 있다면 집단사고의 경향은 더욱 더 강해진다. 바로 '우리가 남이가'하는 동질적 의식이 추가되면서 다른 방식의 사고가 극히 제한되는 것이다. 정도와 내용에 있어서 차이가 있을 뿐이지 결정의 형식만 보면 조폭조직 구성원들이 '형님' 의견에 전적으로 동감하는 상황과 크게 다를 바가 없다. 이런 상황에서 합리적인 결정이 내려지기 어려운 것은 너무도 당연하다.

정부의 정책들은 매우 다양한 측면을 가지고 있으므로 획일적인 사고로 정책에 접근하는 것은 문제해결에 도움이 되지 않는다. 더구나 높은 자리로 올라갈수록 고려해야 할 정책변수의 수는 기하급수적으로 증가한다. 과장이나 국장이 고려해야 할 요소보다 장관, 시장, 대통령이 고려해야 할 변수의 숫자와 범위는 차원을 달리한다. 이런 점에서 고위 정책결정권자 일수록 원팀의 함정에 빠지지 않도록 신경을 써야 하고, 의식적으로 이를 방지하기 위한 노력을 기울일 필요가 있다.

집단사고를 벗어나기 위해서는 무엇보다 이질적인 요소와 다른 의견을 수용하려는 개방적인 태도가 필요하다. '다른 사람'이 끼어들면 '우리끼리' 결정하는 것보다는 불편할 것이다. 하지만 결정의 합리성을 높이기 위해서는 다양한 시각과 관점을 포함시켜야 하며 이를 위해서는 다른 사람들의 이야기를 들어야 하는 것이다. 회의를 열어 다양한 의견을 수렴한다고 해놓고 늘 모이는 사람들끼리만 모여서 이야기를 나눠 본 들 무슨 새로운 논의가 이뤄지겠는가.

그래서 대통령을 비롯한 고위정책결정권자일수록 주변을 비슷한 사람들로 채우지 말고 다양한 배경을 가진 사람들로 구성하여 집단사고를 원천적으로 봉쇄해야 한다. 열린 마음과 개방적 사고로 다양한 의견을 구해야 한다. '읽고 받아쓰는' 회의보다는 정책대안에 대한 활발한 토론이 이뤄지도록 분위기를 유도해야 한다. 끼리끼리 모여서 '옳습니다'만 반복하는 '원팀'에서는 훌륭한 정책이 나올 수 없다. 특히 유교적 권위주의 문화가 존재하는 우리 정치체제의 특성상 윗사람이 원팀을 지나치게 강조하면, 윗사람과 다른 의견을 말하기는 더욱 어려워진다. 제대로 된 정책을 만들기 위해서는 원팀보다는 '혼합팀'이 더 나을 수 있음을 알아야 한다. 오죽하면 회의에서 항상 반대논리만을 제시하는 악마의 변호인 devil's advocate이라도 한 명 두라고 하겠는가.

'코로나19'와 정부의 역할

코로나 사태를 계기로 사회의 여러 분야에서 과거에 대한 반성과 미래에 초래될 변화에 대한 논의가 진행되고 있다. 단적인 예로 대학에서 코로나 기간 동안 진행한 온라인 재택 강의는 기존 대학의 존립 자체에 의문을 던지고 있다. 교육뿐만 아니라 코로나로 인해 초래될 정치, 경제, 종교, 가족관계 등 공적, 사적 분야에서의 변화는 예상을 뛰어 넘는 수준이 될 가능성이 크다. 그렇다면 코로나는 정부의 역할과 운영방식에 어떤 영향을 미칠 것인가.

기본적으로 재난과 위기 대응의 일차적 책임은 어느 나라나 정부가 지는 것이 원칙이다. 하지만 사회가 복잡해지고 관련 변수가 많아지면서 정부 혼자 감당할 수 있는 영역은 더욱 좁아지고 있다. 특히 코로나와 같은 사회적 재난은 정부가 주도적으로 해결하는 것이 거의 불가능하다. 이번 코로나 사태에서 가장 돋보이는 것은 진단키트의 개발과 신속한 검사이다. 코로나를 정확하고 빠르게 진단할 수 있는 우리나라 진단키트는 세계에서 수요가 폭발하고 있다. 이는 중국 우한에서 환자가 발생하자 시장수요를 정확히 예측한 민간 기업들이 미리 진단도구 개발에 들어갔기 때문에 가능했던 것이다. 세계적으로 주목을 받은 '드라이브인 스루 검사' 등 기발한 검사방법을 고안해 낸 것도 민간 병원들이다. 여기에 더해 환자치료를 위해 최선을 다한 민간의료 인력의 헌신적인 희생, 성숙한 시민의식을 보여준 국민들의 정책순응policy compliance 행태 등은 '방역모범국가'의 바탕이 되었다.

이와 같이 코로나 대응과정에서 민간 부문과 시민사회는 그 어느 때보다 큰 역할을 하였다. 사회적 재난을 극복하기 위해서는 정부와 민간의 체계적인 협력과 적절한 역할배분이 필요하다는 점이 코로나 대응과정에서 극명하게 드러난 것이다. 앞으로 공공서비스를 정부와 민간이 공동생산co-production하는 범위와 규모는 더욱 확대될 것이다. 코로나를 계기로 정부는 공공적 성격을 띤 서비스라고 해서 모든 것을 직접 통제하고 공급하려는 시도를 자제하는 것이 바람직하다. 민간부문의 역량을 지원하고 보완하며 조정하는 역할을 수행하는 거버넌스 체제governance system를 더욱 확대하는 것이 효과적일 것이다.

코로나 대응과정에서 또 하나 분명해진 것은 바로 전문가의 중요성이다. 우리나라를 포함한 미국과 중국 등 세계 여러 나라에서 코로나 대응 초기에 문제가 생긴 것은 대부분 전문가의 경고나 의견을 듣지 않고 정치적인 고려를 우선 시 했기 때문이다. 문제를 해결하는데 필요한 방안을 만들어 내는 것은 결국, 객관적인 정보와 자료를 가장 많이 축적하고 있고 다양한 정책대안들의 장단점을 파악하고 있는 전문가들이다. 만약 처음부터 전문가들의 의견에 귀를 기울였다면 훨씬 더 효과적으로 코로나 확산 방지에 성공했을 것이다. 하지만 이들은 정책결정 권한이 없다. 권한을 가지고 있는 정치권력이 이들의 의견을 무시하면 어떻게 할 도리가 없다. 따라서 공식적 정책결정자들이 먼저 나서서 전문가들이 제공하는 정보와 지식을 정책에 반영하려는 노력을 기울여야 한다.

물론 정책결정에 전문가의 의견만 반영될 수는 없다. 전문가들은 나름대로 자기분야에만 국한된 시각을 가질 수가 있으므로 정책결정자는 보다 광범위한 요소들을 고려하는 것이 맞다. 그래도 결정의 기본은 전문적·객관적인 정보와 자료가 바탕이 되어야 하는데, 우리나라 정책과정에서 전문가의 정책지식은 상대적으로 너무 소홀하게 취급되는 경향이 있다. 정치적 이념이나 관료적 경험이 지나치게 중시되어 타당성이 낮은 정책들이 채택되는 경우가 흔히 발생하고 있다. 코로나를 계기로 보건·의료분야뿐만 아니라, 경제, 에너지, 환경, 외교안보 등 여러 분야에서 정치인이나 관료들 못지않게 전문가들의 식견이 반영될 수 있도록 제도적 장치를 만들어 나갈 필요가 있다.

유능한 정부는 모든 사회문제를 혼자서 다 해결하려고 하지 않는다. 실제로 그렇게 할 수도 없다. 사회구성원들 스스로가 문제해결의 주체가 될 수 있도록 지원하고 조정하는 것이 정부의 역할이라는 것을 코로나가 알려주고 있다.

과잉 정부

정부의 역할은 어디까지 인가. 역사적으로 보면, 근대국가 등장 이후 중상주의와 자유방임주의 시기를 거치며 국가기능은 확대와 축소를 반복하였으나 결국 복지국가가 대두되면서 국가기능은 대폭 확대되었다. 특히 우리나라는 과거 정부주도의 경제발전 전략을 수행하면서 국가의 역할과 기능은 더욱 팽창되었다. 최근에는 이념적으로 '큰 정부'를 지향하는 정권의 등장과 코로나사태로 정부주도의 방역과 경제회복 노력이 추가되면서 정부의 역할은 사상 유래가 없을 정도로 확대되고 있다.

하지만 우리사회가 가용할 수 있는 자원의 규모에는 한계가 있으므로, 정부의 역할이 크다는 것은 그만큼 민간 또는 시장의 역할이 제한된다는 것을 의미한다. 즉 정부와 민간의 자원 또는 역할 배분은 제로섬zero sum 관계다. 따라서 정부의 규모를 논의할 때는 정부와 민간(시장) 간의 합리적 역할 배분을 고려해야 한다. 어느 한 부문이 과잉되지 않는, 적정 배분 상태가 바람직한 것이다.

이런 관점에서 보면 요즈음 우리나라는 정부 과잉이 분명하다. '과잉정부'의 징후는 사회 곳곳에서 나타나고 있다. 우선 예산 규모가 급속히 팽창하고 있다. 문재인 정부가 예산을 편성한 2018년 본예산 규모가 428조 8천억이었는데 2021년에는 555조 8천억으로 4년 동안 연평균 8.54%가 증가하였다. 이전 정부의 예산증가율 4.24%의 두 배가 넘는 수치이다. 국가채무도 급속히 확대되고 있다. 문재인 정부 첫 해인 2017년 말 660조 2천억 원에서 4년 만에 945조원으로 무려 43.2%(285조원)가 늘어났다. 예산뿐만 아니라 이 기간 동안 공무원을 비롯한 공공부문 정원이 22만 명이 증가하여 공공부문 직원들의 숫자도 대폭 증가하였다.

이에 비해 민간과 시장에 활력을 불어 줄 규제의 혁신은 더디기만 하다. 일부 규제를 면제 또는 유예하는 규제 샌드박스sand box 제도를 도입하였으나 여전히 체감할 수 있는 수준의 성과는 내지 못하고 있다. 빅데이터, 핀테크, 원격의료 등 신사업분야의 규제개혁은 계속 미뤄지고 있다. 오히려 규제의 범위가 확대되고 강도가 강해지는 경향이 있다. 스무 번이 넘는 부동산규제, 유통산업에 대한 규제 등과 같이 기존 규제의 혁신보다는 새로운 규제를 추가하여 시장에 개입하려는 시도가 지속적으로 나타나고 있다.

과잉정부의 징후는 지방정부에서도 흔히 관찰된다. 최근 논란이 된 지역화폐를 비롯하여 공공 배달앱 등 시장 여건을 고려하지 않은 개입으로 국가 전체적인 차원에서 자원이 낭비되고 있다는 지적을 받는다. 불필요한 축제의 남발, 알맹이가 빈약한 시민강좌, 흉물스런 공공조형물 등도 굳이 정부가 수행할 필요가 없거나 민간에서 더 잘 할 수 있는 것을 시도하는 과잉정부 현상의 하나이다.

코로나 대응에 있어서도 '검사-추적-격리'를 기조로 하는 이른바 'K방역'은 상당한 효과를 거두고 있는 것으로 평가된다. 하지만 검사-추적과정에서 필요 이상으로 개인의 정보가 수집·노출되고, 방역을 이유로 집회의 자유와 같은 헌법상의 기본권이 과도하게 침해되는 것은 과잉대응이자 과잉정부의 모습이다. 이밖에도 정부가 직접 일자리를 만들려고 한다거나, 자사고·특목고 등을 모두 폐지하고 모든 학생들이 획일적인 교육만 받으라고 강압하는 것도 과잉정부 사례이다.

정부는 가급적 직접 재화나 서비스의 공급 당사자가 되는 것을 스스로 경계할 필요가 있다. 시장과 민간이 잘 작동될 수 있도록 인프라와 규칙을 만들고 이것이 잘 준수되는지 감시 감독하는 것이 정부의 주된 역할이 되어야 한다. 불가피하게 직접 개입하는 경우에도 과잉금지 원칙principle of proportionality을 준수하여 필요한 만큼만 역할을 하는 것이 바람직하다. 정부는 만병통치약이 될 수 없으며, 더구나 공짜가 아니다. 과잉정부의 경제적 · 사회적 비용은 결국 모든 국민들의 부담으로 고스란히 돌아온다. 과잉정부는 자제되어야 한다.

규제의 피라미드

문재인 정부는 재임 기간 내내 부동산 정책을 잇달아 발표하였다. 급기야 부동산정책이 몇 번 발표되었는지 그 횟수를 둘러싼 논쟁까지 벌어지는 지경에 이르렀다. 정작 중요한 것은 정책의 횟수가 아니라, 그동안의 정책이 잘 작동하여 문제가 해결되었느냐 여부일 것이다. 안타깝게도 정책들이 효과를 거두지 못하여 집값은 계속 상승하고 집 없는 서민들의 시름은 더욱 깊어갔다.

정부의 부동산 정책은 왜 실패를 거듭할까? 가장 큰 이유로 부동산 정책이 규제 위주인 점을 들 수 있다. 정부규제는 본질적으로 그 속성상 누적적으로 증가할 가능성이 크다. 정부가 규제를 통해 시장에 개입하면 예측된 또는 예측되지 않은 다양한 부작용이 초래될 수밖에 없다. 또 시장의 대응은 항상 정부규제를 앞서 간다. 이를 해소하고 당초의 정책목적을 달성하기 위해서는 추가적인 정부규제가 불가피하다. 결국 규제는 규제를 낳고 계속 규제가 쌓여 규제가 누적적으로 증가하는 현상이 발생하게 된다. 이를 규제의 피라미드regulation pyramid라고 부른다. 문재인 정부의 부동산 규제들은 여기에 딱 들어맞는다.

정부가 처음으로 시행한 규제는 주택대출 제한, 재건축 규제 강화 등이었다. 주로 아파트에 대한 수요를 줄여 부동산 가격을 낮추려는 규제수단이다. 그런데 이는 현금이 풍부한 자산가들에게는 아무런 효과가 없다. 그러자 다시 투기지역 지정, 금융규제 및 부동산 세제 강화 등을 추가하였다. 그래도 가격이 잡히지 않자 민간택지에도 분양가 상한제를 도입하였다. 정부가 민간 공급 아파트의 가격을 직접 규제하는 방식을 도입한 것이다. 주변 시세보다 낮은 가격으로 아파트가 공급되므로 당첨만 되면 '로또'가 되는 현상이 나타난다. 그래서 분양 이후 프리미엄을 억제하기 위해 전매제한 규제, 거주요건 강화 규제 등이 또 추가된다. 수도권을 대상으로 한 규제의 풍선효과로 규제가 없는 주변지역의 부동산 가격이 급등하자 투기지역 지정을 확대한다. 여기에 양도세, 종합부동산세 중과 등 세금을 올리는 규제가 계속 추가된다.

이쯤 되면 정부가 부동산 규제를 통해 달성하고자 하는 목적은 간 곳 없고 그냥 규제를 위한 규제만 남아 있는 것은 아닌지 의문이 들 정도이다. 그런대로 규제가 먹혀 집값이 안정되면 좋겠으나, 규제가 증가할수록 시장은 더욱 왜곡되어 문제는 해결되지 않고 실효성 없는 규제만 쌓여 간다. 우리나라 부동산 정책은 전형적인 규제의 피라미드이다. 정부는 문제가 생길 때마다 아직도 쓸 수 있는 카드가 많다고 장담한다. 하지만 규제 위주의 후속 대책은 규제의 피라미드에 무겁고 커다란 돌덩이 하나를 더 얹어 부동산 시장을 답답하게 만들 뿐이다. 정치인이나 관료들은 경제 문제가 발생하면 정부가 바로 개입하여 해결할 수 있을 것으로 생각하는 경향이 있다. 하지만 뜻대로 안 되는 것이 바로 규제이다. 규제는 시장개입을 의미하고 시장개입은 또 다른 왜곡을 초래하는 것이 필연적이기 때문이다.

일반적으로 재화의 가격이 상승하는 것은 시장에서 공급이 부족하거나 수요가 많기 때문이다. 그런데 지금까지의 정책은 대부분 부동산 수요를 줄이려고 하는 것이었다. 집을 사려는 사람들을 잠재적 투기세력으로 간주하고 대출 축소, 전매 제한, 징벌적 과세 등을 통해 수요를 억제시키려고 하였다. 하지만 좀 더 나은 주거를 마련하겠다는 욕구는 너무도 자연스러운 것이어서 인위적으로 줄이기가 어렵다. 특히 재정확대로 유동성이 넘쳐나는 시기에 정부규제로 수요를 줄이는 것은 근본적인 한계가 있다. 그렇다면 공급을 늘리는 것 외에는 뾰족한 수단이 없는 것이 분명한 현실이다. 정부는 이제라도 그동안 규제 위주로 전개된 집값안정 대책의 한계를 인정하고, 공급을 확대하는 방향으로 부동산 정책의 패러다임을 전환하는 것이 바람직하다.

정부규제가 시장원리를 완전히 대체할 수는 없다. 규제 위주의 정책은 또 다른 규제를 불러 올 뿐이다. 이집트의 피라미드는 후대에 관광수입이라도 안겨 주고 있지만, 우리 정부의 부동산 규제 피라미드는 시민들의 내 집 마련 꿈을 가로막고 있다. 이런 피라미드는 빨리 허물어야 한다.

국가역량 훼손하는 '불균형 삼권'

여러모로 힘든 시기이다. 이럴 때 일수록 국가의 역량이 더욱 절실하다. 군주론의 저자 마키아벨리Machiavelli는 지도자가 갖추어야 할 요소로 비르투스virtus, 역량와 포르투나fortuna, 행운를 들고 있다. 지도자를 국가나 정부로 바꾸면, 어느 나라나 역량과 행운이 따라야 제대로 된 정부로서의 역할을 할 수 있을 것이다. 행운이라는 것은 변덕스러운 상황에 따라 가변적인 것이므로, 결국 중요한 것은 운도 헤쳐 나갈 수 있는 역량을 갖추는 것이다. 그렇다면 국가 또는 정부의 역량은 어떻게 설명할 수 있을까. 민주국가는 일반적으로 입법부, 행정부, 사법부로 구성되어 있으므로, 국가의 역량은 이들 3부가 제대로 된 역할을 하고 있는가에 좌우될 것이다.

아주 단순하게 표현하면, 입법부는 국민들의 다양한 이해관계를 통합하여 공통의 이익을 도출한 법을 제정하고, 행정부는 효율적으로 법을 집행하며, 사법부는 이익을 침해당한 국민들을 구제하는 역할을 제대로 수행하고 있으면 국가의 역량이 제대로 갖춰진 것이라고 할 수 있을 것이다. 또한 이 과정에서 3부가 서로 견제하며, 어느 한 권력이 독주하지 못하도록 균형을 이루고 있는 것이 국가역량 확보의 핵심적인 요건이다. 과거 권위주의 시절, 행정부가 독주하면서 입법부와 사법부를 장악했던 경우를 생각해 보면, 3부의 균형 파괴가 국가의 역량을 크게 훼손시킨다는 사실은 너무도 분명하다. 그런데 최근에는 입법부, 보다 구체적으로는 국회 다수당의 과잉 활동이 상대적으로 행정부와 사법부의 역할을 제약함으로써 전반적으로 국가 역량의 후퇴를 초래하고 있다.

우선 법안 작성과 심의 시에 행정부의 의견이 묵살되는 경우가 너무 흔하다. 예컨대 재난지원금의 대상과 규모, 국가채무관리 방향 등에 대한 결정에서 행정부의 의견이 제대로 반영되지 않고 있다. 행정부는 오랜 기간의 정책 경험으로 전문성을 갖춘 관료들로 구성되어 있지만, 다수당과 의견이 다를 때는 '적폐'로 간주될 뿐이다. 행정 관료들에게 '선출직'이 정한 대로 무조건 따라올 것을 요구한다. 입법권과 행정권은 서로의 관점에서 토론하고 조율하여 최선의 정책을 도출해야 함에도 불구하고, 행정부를 국회 다수당의 하부 집행기관으로 전락시키고 있다. 이로 인한 국가역량의 저하는 두 가지로 나타난다. 우선 행정부 관료의 정책 경험이 반영되지 못하여 정책의 전문성과 합리성이 떨어진다. 또한 정책의 집행은 결국 관료들이 담당하게 되는데 결정 과정에서 소외되고 '적폐'로 찍혀 사기가 저하된 관료들이 최선을 다해 열심히 집행할 수 있겠는가.

사법부는 특정 그룹 출신 법관들이 요직을 차지하고 있으며, 1심에서 무죄를 선고 받은 법관이 헌정사상 처음으로 다수당에 의해 탄핵된 경우도 있다. 사법부는 입법부와 행정부를 견제하여 국민의 이익을 보호하는 최후의 보루이다. 법관 탄핵은 이런 사법부 역시 다수당의 영향력 하에 있음을 보여주는 상징적 사건이다. 또한 집권세력의 요구와 다른 판결을 할 때마다 사법부도 '적폐'로 몰아가고 있으며, 이런 상황을 견디지 못하는 법관들은 대거 사법부를 떠나고 있다.

국회 다수당의 횡포와 독주는 더욱 심화되고 있다. 막무가내식 청문회를 개최하여 의회정치를 희화화하고 있으며, 자신들의 마음에 들지 않는 장관과, 당 대표를 수사한 검사들에 대한 탄핵을 스스럼없이 시도하고 있다. 이제 국회에서 특검과 탄핵이 일상화되었다. 더욱이 윤석열 정부가 제출한 법안 중 국회를 통과한 것은 5개 중 하나 정도에 불과하여 행정부가 일을 제대로 할 수 없을 정도다.

입법부 다수당의 권력독주가 견제와 균형의 삼권분립 원칙을 훼손하며 행정부와 사법부를 약화시키는 동시에 국가역량의 저하를 초래하고 있다. 이로 인한 피해는 고스란히 국민들에게 돌아간다. 자원이 풍부하고 지리적 이점이 있는 국가임에도 불구하고 정부의 역량이 형편없어 국민들이 고통을 감수하고 있는 나라가 한 둘이 아니다. 이런 나라들의 공통점은 삼권 중 어느 하나가 비정상적으로 강해서 서로 견제와 균형이 제대로 작동되지 못하고 있다는 것이다. 코로나, 북핵, 경제침체 등으로 그 어느 때보다 국가의 비르투스가 절실한 시점이다. 국가역량을 훼손하는 다수당의 독주를 자제하고 삼권의 균형이 회복되어야 한다.

무늬만 시민단체

우리나라에서 시민단체가 공론의 장에 본격적으로 등장한 것은 80년대 후반 진행된 민주화 이후이다. 그동안 정치권력에 억압되어 있던 시민사회의 역할이 강화되면서 동원과 통치의 대상이었던 시민들이 사회의 중심으로 등장한 것이다. 이 과정에서 시민단체들은 사회적 이슈의 발굴과 정책대안의 제시로 사회변화에 큰 영향을 미쳐왔다. 우리나라에서 시민단체로 불리는 조직들은 NGO Non Governmental Organization, 또는 NPONon Profit Organization를 의미한다. 문자 그대로 비정부기구, 비영리기구를 말한다. 이는 사회문제의 해결이나 시민들의 요구를 충족시키는데 있어서 정부와 기업의 역할에 한계가 있으므로, 이들을 대체하거나 견제하기 위하여 시민들 스스로 조직을 구성하여 문제해결의 주체가 되는 것을 강조하는 개념이다.

시민단체의 역할을 설명하는 좋은 사례로, 버려져 있던 철도 폐선을 활용한 공중정원으로 유명한 뉴욕의 하이라인 파크High Line

Park를 들 수 있나. 이 공원은 뉴욕시가 아니라 '하이라인 친구들'이라는 자발적 시민단체가 만든 것이다. 공원의 운영과 관리 모두 이 단체에서 맡고 있다. 재원의 대부분은 기부금으로 충당된다. 만일 정부가 이 일을 맡았다면 관료적 절차 때문에 시간도 많이 걸리고 경직된 사업추진으로 다양한 의견 수렴이 쉽지 않았을 것이다. 또한 만일 기업이 손을 댔으면 영리 목적의 시설이 들어서 지금처럼 시민들이 자유스럽게 이용하기 어려웠을 것이다. 이와 같이 시민단체는 정부나 기업과 달리 기민하고 융통성 있게 시민들의 공익을 충족시키는 조직운영으로 긍정적인 평가를 받고 있다.

그런데 우리나라의 이른바 '시민단체'는 언제부터인가 정치단체 또는 이익집단과의 구분이 모호해지고 있다. 최근 몇 년 동안 우리나라를 휩쓴 대규모 장외집회에 참가한 대부분의 단체들은 '시민단체'를 표방하고 있다. 하지만 그들의 주장은 명백히 정치적인 성격을 띠고 있다. 스스로도 특정 정치진영의 지지세력 임을 부인하지 않고 있다. 시민단체라는 이름으로 정치활동을 하는 것이다. 이들은 장외에서만 활동하는 것이 아니다. 외부의 단순한 정책참여자에 머무는 것이 아니라 공식권력을 이끄는 주도집단의 하나로 그 영향력이 더욱 증가하고 있다. 역대 정권에서, '시민단체' 출신들이 청와대를 비롯한 주요 정부부서의 일원으로 참여하고, 입법부를 구성하는 국회의원으로 진출하는 것은 이제 흔한 일이 되었다.

'시민단체' 중에는 아예 자신들의 정치적 또는 경제적 입지를 강화하기 위해 설립·운영되는 것도 상당수가 있다. 겉으로는 '시민'

을 표방하고 있지만, 실제로는 시민단체 경력을 개인적 입신을 도모하는 수단으로 활용한다. 이러한 단체는 사적 이익을 추구하는 이익집단과 전혀 다를 바가 없다. 주지하다시피 시민단체의 가장 큰 덕목은 자발적·독립적인 동시에 공익을 추구하는 것이다. 특정 정치세력의 정치적 활동에 동원되는 단체나, 구성원들의 사적 이익을 추구하는 조직은 시민단체로서 자격이 없다. 또한 시민단체는 정부와 기업으로부터 독립적이어야 한다. 특히 재원의 독립성이 중요하다. 그런데 상당수의 우리나라 단체들은 정부 보조금이나 기업의 협찬에 의존하고 있다. 정부와 기업을 견제하기는 커녕 눈치를 볼 수밖에 없다.

이런 조직들이 '시민단체'라는 명칭을 너무도 쉽게 갖다 붙이고 있다. 이로 인해 터무니없는 조직들이 '시민'의 이름으로 마치 정당성을 부여받은 단체인 것처럼 착각을 불러일으키게 한다. 이러한 점에서 특히 언론에서는 앞으로 '시민단체'라는 타이틀을 부여할 때 보다 신중을 기했으면 한다.

물론 우리 주변에는 어려운 여건 속에서도 시민들의 공익을 수호하기 위해 열심히 노력하는 시민단체들도 많다. 부족한 인력과 재원, 시민들의 무관심 속에서도 묵묵히 주어진 역할을 수행하는 진정한 시민단체들에게는 존경과 지지를 보낸다. 하지만 이미 정치단체 또는 이익집단화하여 정부와 기업에 기생하는 무늬만 '시민단체'인 집단들은 그 명칭에서 '시민'을 떼는 것이 마땅할 것이다.

국회가 결정하면 행정부는 무조건 따라야 하나

민주주의가 어느 정도 성숙되었다고 인정받는 우리나라에서 3권 분립에 대한 우려가 등장하고 있다. 국회 다수당인 민주당의 입법 독주 때문이다. 몇 달 전에 부동산 관련법을 번갯불에 콩 볶듯이 통과시킨 민주당이 이번에는 가덕도 신공항특별법을 그야말로 번개 같이 통과시켰다. 운동경기에서 회자되던 '닥공'(닥치고 공격)이 우리나라 입법부에도 등장했다. 가히 '닥통'(닥치고 통과)이라고 부를 만하다. 주무부처인 국토교통부는 물론이고, 법무부, 환경부 등 행정부의 관련 부처들이 반대 또는 보완의견을 제시했지만 민주당의 '닥통'에는 모두 무기력하게 나가 떨어졌다. 이 과정에서 민주당 대표는 행정부에 일갈했다. "국회가 법을 만들면 행정부는 따르는 것이 당연하다" 과연 그럴까? 형식논리로 볼 때에는 국민의 대표인 의회에서 결정하면 행정부는 그에 따르는 것이 맞다. 그러나 그 결정과정과 내용에 중대한 흠결이 있을 때에는 얘기가 달라진다.

서구에서 의회가 등장하기 이전에는 군주가 모든 것을 결정하고 관료들은 이를 그대로 집행하는 것이 통상적인 전제專制 정부의 운영 모습이다. 이후 국왕의 전횡을 견제하기 위해 시민들이 대표를 구성하면서 의회가 등장하였고, 입법권과 행정권이 분리되었다. 주지하다시피 로크Locke와 몽테스키외Montesquieu가 주장한 권력분립 이론의 핵심은 국가권력의 전횡을 방지하여 국민들의 자유를 보호하기 위한 것이다. 이후 행정 · 입법 · 사법의 3권 분립주의는 보편적인 헌법 원칙으로 발전하였으며, 물론 우리 헌법도 3권 분립주의에 입각하고 있다.

이러한 자유민주주의의 기본 원리인 3권 분립주의라는 헌법정신에 비추어 볼 때 민주당 대표의 주장은 근본적으로 헌법가치를 훼손하고 있다. 국회가 결정하면 행정부가 무조건 따라야 한다면, 국왕이 결정하면 집행관료들이 무조건 복종해야 했던 과거 전제주의 체제와 다를 바가 무엇인가. 비록 선거에서 승리하여 다수당이 되었지만 항상 국민과 다른 정당의 의견을 수렴하고, 입법이 미치는 경제적·사회적 영향을 충분히 감안하여 신중하게 결정해야 하는 것이 민주의회의 기본 책무이다. 그럼에도 불구하고 누가 봐도 선거를 겨냥한 정치적인 이유로 졸속적인 입법을 감행하면서 헌법으로 보장된 행정부의 합리적인 견제행위를 부정하는 것은 3권 분립을 근간으로 하는 민주국가에서 수용되기 어렵다. 만일 행정부가 입법부를 견제하지 못하면 지금처럼 폭주하는 입법부의 '닥통'은 누가 바로 잡을 수 있겠는가, 또 이로 인해 발생하는 자유의 훼손과 국가적 손실은 누가 지켜낼 수 있겠는가.

가덕도 신공항특별법 만이 아니다. 국민들에게 엄청난 영향을 미치고, 국제적으로도 문제의 소지가 있는 법률들이 충분한 논의 없이 '닥통'되고 있다. 국회 자료에 의하면 21대 국회 출범 이후 국회에서 가결된 법안 중 민주당에서 발의한 것이 무려 90%에 육박하고 있다. 이 수치만 보아도 민주당의 입법 폭주가 확연히 드러난다. 이런 경향은 22대 국회에서도 더욱 강하게 드러나고 있다. 정부가 반대하는 '전 국민 25만원 지급법', '노란봉투법', '민주유공자법' 등을 일방적으로 추진하고 있다. 법이 한번 만들어지면 그 영향은 생각보다 크고 오래간다. 법이 잘못 만들어지면 그만큼 국민들의 고통이 커질 수 있다는 의미이다. 실제로 어설픈 법안으로 어려움을 겪는 기업과 국민들이 한 둘이 아니다. 정치논리에 좌우되는 국회의 과잉·졸속입법을 견제할 수 있는 유일한 주체는 전문성과 정치적 중립성을 갖춘 행정부 관료들밖에 없다. 이들 마저 정치논리에 굴복시키면 그 후유증은 감당하기가 어려울 것이다.

민주당은 '행정부는 무조건 따라오라'는 오만한 자세를 버리고, 그 어느 기관보다 경험과 정보가 풍부한 행정부의 의견을 수렴하여 입법에 반영하기 바란다. 공항을 신설하려면 국토교통부 의견을 들어야 하고, 추경을 편성하려면 기획재정부에 의견을 묻는 것이 상식이다. 최근 실시된 여론조사 결과를 보면 정작 부울경에서도 가덕도 신공항특별법이 잘못된 결정이라는 응답이 과반이 넘는다. 국민들은 '닥통'보다는 제대로 된 법률을 원한다.

정치의 대오각성이 필요하다

우리나라 최고 재벌 총수가 '기업은 2류, 정치는 4류'라고 일갈한 것을 기억하는 사람들이 아직도 많을 것이다. 벌써 30여년 전의 일이다. 그 이후 우리나라 기업과 정치는 얼마나 달라졌는가. 기업들 중에는 2류를 벗어나 세계 일류로 치고 나간 기업들이 수두룩하다. 정치는 어떤가? 4류는 커녕 등급을 부여하기도 민망할 지경이다. 집권당 국민의 힘은 내부 권력 다툼으로, 거대 야당 민주당은 대표의 사법리스크와 입법 폭주로 국민들을 피곤하고 불편하게 하고 있다. 게다가 정치의 장에서 거론되는 담론은 거의 주간지 가십 gossip 수준으로 전락하고 있다. 토론과 타협은 없고 정쟁과 대립만 존재하는 것이 오늘날 우리 정치의 현실이다.

정치의 장은 의회다. 아리스토텔레스가 설파한 바와 같이, 법의 지배 아래 민주정체를 유지하고 국민들에게 '훌륭한 삶'을 제공하는 정책과 법을 만드는 것이 정치의 역할이다. 과거에는 대통령이 주도하는 행정부가 정치과정을 지배하고 입법부는 통법부通法府로 불리었던 시절도 있었지만 이제는 상황이 완전히 바뀌었다. 국회가 행정부를 압도하고 있다. 이제 우리 사회에 중요한 영향을 미치는 것은 행정이 아니라 '국회의 정치'가 되었다. 우리의 미래가 국회의 역량과 수준에 달린 셈이다.

그런데 우리 정치는 이에 걸맞은 역할을 하고 있는가. 한국사회과학자료원에서 20여 년 전부터 실시해 온 신뢰도 조사에 따르면 국회는 일관되게 꼴찌를 차지하고 있는 것으로 나타났다. 만일 기업이나 다른 정부 기관이 이런 결과를 얻었다면 일찌감치 문을 닫았거나 폐지되었을 것이다. 국회가 입법권을 활용하여 언론개혁, 사법개혁 등을 주도한다고 하지만, 정작 개혁과 혁신의 대상이 되어야 하는 것은 바로 국회 자신이다.

정치의 격이 떨어지고 국민과 유리되는 가장 큰 이유는 정치인 개개인의 자질과 역량이 부족하고 이를 방조하는 제도적 미비점 때문이다. 우리나라에서 국회의원직을 유지하는 데 가장 중요한 것은 공천이다. 미래지향적 담론이나 국민들의 행복한 삶을 위한 정책 제안은 그다지 중요하지 않다. 소수 권력자 그룹과의 친소 관계나 충성도에 따라 공천이 좌우되기 때문이다. 따라서 의원들의 주된 관심사는 입법 활동이나 정책 제안보다는 권력자를 위한 충성도 경쟁이나 줄서기에 집중된다. 말로는 헌법기관이라고 하면서, 민생은 안중에 없고 계파의 보스만 챙기고 있다.

따라서 가장 우선적으로 공천제를 손봐야 한다. 사실 우리 국회의 초선의원 비율은 평균 50% 수준으로 높은 편이다. 매번 절반 정도가 새로운 국회의원으로 채워지는 셈이다. 하지만 아무리 신진

정치인들이 국회에 입성한다고 해도 역량이나 신뢰도는 그대로이다. 권력자가 주도하는 기존 공천제도는 역량 있는 인물들의 발굴에 실패하고 있다는 것을 의미한다.

또한 선거기간만 반짝 노력하여 한 번 당선되기만 하면 무조건 4년이 보장되므로 국민들의 눈치를 볼 필요도 없다. 일을 제대로 하지 않는 의원들의 신분을 박탈할 수 있는 의원소환제 같은 제도도 없다. 국회의원들은 행정부를 향해 탄핵을 남발하고 있지만 정작 의원들에 대한 탄핵제도는 존재하지 않는다. 대통령의 국회해산권도 없다. 당선만 되면 국민의 대표라는 이름으로 무소불위의 권력을 휘두를 수 있는 것이 우리나라 국회의원들이다. 이뿐이 아니다. 국회의원들은 세계 초일류 수준의 특권을 누리고 있다. 대표적으로 범죄행위에 대한 방패막이로 사용되는 불체포특권, 발언에 대한 면책특권, 공공교통수단 무료, 가족에도 적용되는 국회 내 의료기관 무료 이용 등 일반국민들의 상상을 초월하는 특권을 누리고 있다. 이것도 당연히 정리되어야 한다.

사회가 발전하면서 그동안 당연시 되어 오던 것들이 개혁의 대상이 되고 있다. 이를 통해 문명이 발전하고 시민들의 삶이 개선되는 것이 역사의 순리이다. 그중에서 단 하나의 예외가 있다면 바로 우리의 국회다. 사회는 진보하는데 정치는 제자리이거나 후퇴하고 있다. 이런 현상이 그대로 용납될 수는 없다는 것을 역사는 말해 준다. 스스로 개혁하지 않으면 개혁의 대상이 될 수밖에 없다.'정치'의 대오각성을 촉구한다.

'테스형'의 고언苦言

소크라테스는 자신이 가장 지혜로운 사람이라는 신탁을 내렸다는 소식을 듣고 이를 확인하고 싶었다. 평소 스스로 그다지 지혜롭다고 생각하지 않았던 소크라테스는 신탁의 의미가 궁금했던 것이다. 그래서 당시 지혜롭다고 알려진 정치인, 시인, 장인匠人들을 찾아다녔다. 이들과 대화를 나눠보니 소크라테스는 상대가 지혜로워 보이기만 할 뿐 사실은 지혜롭지 않다는 사실을 알게 되었다. 왜냐하면 그들은 자기가 모르는 것을 마치 아는 것처럼 말하거나, 전혀 모르는 다른 분야도 제일 잘 아는 척 자부했기 때문이었다. 결국 소크라테스는 모르는 것은 솔직히 모른다고 얘기하는 자신이 적어도 이들보다는 더 지혜롭다고 생각하게 되었다. 이후 소크라테스는 가장 명망이 높은 사람들이 가장 결함이 많고, 평범한 사람들이 오히려 더 분별력이 있다는 결론에 도달하게 되었다.

선거를 앞두고 갑자기 '현자賢者'를 자처하는 사람들이 전국에서 우후죽순 격으로 나타나고 있다. 이들은 국가적·지역적 문제해결에 필요한 거의 모든 지혜를 보유하고 있는 것처럼 자신을 소개하고 있다. 아무리 선거라고 해도 겸손과 절제라고는 조금도 찾아 볼 수 없다. 현재 의원직을 보유하고 있는 사람들은 자신의 업적을 과대포장하고, 새롭게 도전하는 사람들은 과거 경력을 화려하게 내세운다. 이들 중에 과연 누가 현명하게 나라와 지역을 이끌 것인지 유권자들의 판단이 남아 있다.

소크라테스도 지적하였지만, 일반적으로 과장되고 거창한 이야기를 하는 사람일수록 사실은 수준이 낮은 경우가 많다. 자신의 무지와 부족함을 가리기 위해 겉은 더 화려하게 포장하는 것이다. 경우에 따라서는 힘 있는 정치인이나 권력자를 내세우며 이들과의 관계를 바탕으로 자신을 강조하는 후보도 있다. 스스로 역량이 부족하다는 것을 자인하는 것과 다름이 없다. 거짓말도 크게 하면 통한다는 믿음을 가지고 수십조가 들어가는 실현불가능한 정책을 아무렇지도 않게 들이대고, 과거 자신이 했던 공식적인 말도 다반사로 뒤집는 경우도 흔하다. 만일 소크라테스가 지금 살아 있다면 이런 부류의 사람들은 엄청난 비판을 피하지 못하고 두 손을 들었을 것이다.

소크라테스는 이른바 지혜롭다는 사람들에게 귀찮을 정도로 꼬치꼬치 캐물었다. 과연 그들이 그 사안에 대해서 잘 알고 있는지를 집요하게 확인하였다. 결국 그들은 자신이 잘 모른다는 것을 시인하지 않을 수 없었고, 소크라테스를 겁내게 되었다. 우리 유권자들도 총선을 앞둔 지금 소크라테스가 될 필요가 있다. 무수히 난무하는 후보들을 소크라테스의 집요함과 철저함으로 검증해야 할 것이다. 실력과 인성은 물론이고 제시한 공약들이 적정한지 이를 추진할 역량은 갖추고 있는지를 꼼꼼하게 따져 보아야 한다. 그래서 후보들이 정말로 두려워할만한 깐깐한 유권자가 되어야 한다.

여기저기 찾아다니며 지혜롭다고 생각되는 사람들을 만난 소크라테스는 그들이 사실은 지혜롭지 못하다는 것을 확인하고 입증하였다. 결국 소크라테스는 기득권층의 반감을 사게 되고 사형을 당한다. 현재의 유권자들이, 목숨을 걸고 진실과 소신을 지켜낸 소크라테스와 같을 필요도 없고 같을 수도 없을 것이다. 하지만 지금 우리의 상황과 현재 국회의 행태를 보면 소크라테스와 같은 치열하고 비장한 각오를 다지지 않으면 안 될 것 같다.

막대한 특권을 누리면서도 정쟁으로 점철하는 불성실하고 무능력한 지금의 국회를 그대로 두고는 한 걸음도 미래를 향해 나갈 수 없다. 국민들의 요구를 외면하고 오로지 정파의 이해만 추구하거나, 저급한 언어로 갈등과 분열을 부추기는 수준 이하의 사람들을 골라내야 한다. 한마디로 지혜도 없으면서 아는 척 설쳐대는 사람들을 잘 걸러내야 한다. 생각 같아서는 나훈아의 노래처럼 '테스형'을 모셔와 이들이 과연 적합한 인물인지 아닌지 판단을 부탁할 수 있으면 좋으련만, 그럴 수는 없고. 그 대신에 이번 선거에는 우리 모두, 사회의 미덕을 실현하기 위해 목숨을 걸고 과연 현명한 사람이 누군지 꼼꼼하게 따져 본 '테스형'이 되었으면 한다.

정치에 가로 막힌 대한민국

카타르 월드컵(2022년) 16강의 환호도 잠시뿐, 우리나라 정치를 지켜보며 답답해하는 국민들이 늘어가고 있다. 구체적인 이유는 사람마다 다르겠지만 우리 정치가 제대로 작동하고 있지 않다는 인식은 모두가 어느 정도 공유하고 있는 것 같다. 사회적 갈등을 풀어가며 미래의 아젠다를 제시하는 것은 고사하고 극단적인 주장과 저질 폭로가 일상적인 정치의 모습이 되어 가고 있다. 일반국민들의 상식을 따라가는 정치가 아니라 상대적으로 소수인 극렬 지지층만을 겨냥한 팬덤정치가 우리 정치를 지배하고 있다. 이런 비정상적 정치에는 여와 야의 구분이 없다.

우선 민주당을 보자. 대통령 후보였던 사람을 전혀 연고가 없는 인천에 출마시켜 국회의원을 만들고 또다시 당 대표로 선출하는 것 자체가 지극히 비정상적이다. 게다가 인천의 지역구를 양보해준 사람을 서울시장 후보로 내보낸 것은 정치 코메디의 결정판이었다. 우려한 대로 최근 민주당 대표의 최측근들이 줄줄이 구속되 있다. 대통령 선거 이후 야당의 역할은 '대표 방탄' 외에 아무것도 없다.

여당인 국민의 힘은 또 어떤가. 천신만고 끝에 정말 근소한 차이로 정권교체를 이룬 이후 권력투쟁에 빠져 지금까지도 당 내분으로 헤매고 있다. 정권 잡은 지가 언제인데 여전히 '비상대책대위원회'라는 임시 지도체제에서 벗어나지 못하고 있다. 집권 후 1년은 국정의 청사진을 만들고 일사불란하게 추진해야 하는 중요한 시기라는 것은 삼척동자도 아는 사실이다. 그런데도 국민의 힘은 서로 권력을 잡겠다고 자중지란에 빠진 채 국정의 동력을 스스로 상실하고 있다.

민주당 대표를 범죄자로 간주하는 국민의 힘과 집권세력, 대통령에 대한 무차별 공격으로 대표의 사법리스크를 벗어나려는 민주당, 이런 여야 정치구조에서 협력이나 대화는 애당초 불가능한 것이었다. 미래의 담론은 사라지고 사생결단의 투쟁만이 존재한다. 합리적인 토론과 상호양보에 의한 합의는 기대하기 어렵게 되었다. '대표 방탄'과 '권력투쟁'에 매몰된 정치를 보면서 보통의 국민들은 미래에 대한 불안과 걱정에 사로잡혀 있다.

국회에서 쟁점이 되는 이슈들을 보자. 말로는 미래지향적이고 민생을 생각하는 정책을 논의한다고 하지만 현실은 다르다. 국회에서 가장 이슈가 되는 것은 권력기관이나 언론과 관련된 것이다. 대부분이 자신들의 권력 쟁취나 유지와 밀접하게 연관되어 있다. 반도체 산업 육성이나 대학 구조조정, 연금개혁, 의료개혁 등 미래지향적 정책들은 그대로 방치되어 있다. 이른바 '공부모임'들이 여럿 있지만 순수하게 나라의 미래를 걱정하며 진짜로 공부하는 모임은 한 군데도 없다. 물론 공부모임이라고 생각하는 국민도 없다. 권력을 잡기 위한 도구로서 그저 '패거리'일 뿐이다. 언제부터인가 나라의 미래는 염두에 없고 오로지 권력과 공천 획득에만 몰두하고 있는 것이 우리 정치의 본질이 되었다.

극단적으로 말하면, 정치가 우리나라 발전을 가로막는 가장 큰 걸림돌이 되고 있다. 우리 정치에서 포용과 이해가 사라지고 증오와 대결만 남아 있다. 정치의 품격과 격조가 사라지고 막말과 조롱이 난무하고 있다. 거의 모든 이슈가 정치의 영역에만 들어오면 정쟁의 대상으로 전락하여 이전구투泥田狗鬪의 정치블랙홀에 빠지고 만다. 우리 정치는 아무것도 해결하지 못하는 고장 난 체제가 되고 말았다. 이제 전면적인 제도변혁이 필요한 시점이다. 정당별로 지역구도가 자리한 현 상황에서 양대 정당은 소선거구제를 통해 '권력 나눠먹기'를 즐기고 있다. 이런 구조를 과감하게 깨야 한다.

연합과 협치가 가능하려면 우선 양당구조를 다당구조로 바꿔야 한다. 중선거구제 도입하여 보다 다양한 세력이 권력을 분점할 수 있도록 해야 한다. 국민 여론이 아직은 미지근하지만 내각제로의 개헌도 염두에 둘 수 있다. 하지만 이런 모든 논의의 출발은 국회에서 이뤄져야 하는데 공고한 기득권 세력이 된 국회가 얼마나 진지하게 접근할지 모르겠다. 실낱같은 희망이지만 미래지향적 정치개혁의 담론을 이끄는 정치인의 등장을 기대한다.

정치의 상식을 회복하라

상식이 무너지고 있다. 상식common sense이란 극히 자명하여 많은 사람들이 깊은 고찰을 하지 않고도 받아들이는 지식을 의미한다. 그래서 상식에 맞는 행위를 하는 것이야 말로 공동체를 영위하는 가장 기본적인 사항이며, 상식에 벗어나면 지탄을 받는 것이 정상적인 사회의 모습이다. 그런데 요즘 상식에 벗어나는 일이 너무도 흔해서 이제 도대체 상식이 무엇인지 헷갈리는 시대가 되고 말았다. 우리 정치 이야기다.

개인적 범죄혐의를 받고 있는 야당대표가 다수당의 힘을 빌려 자신에 대한 사법적 조치에 대항한다. 1심에서 범죄가 인정되어 실형을 선고받은 전직 장관은 여전히 자신의 떳떳함을 표출한다. 중립이어야 할 대통령실이 여당 대표선거에 과도하게 개입하고, 공동정권의 파트너라고 치켜세웠던 사람에 대한 인신공격이 거칠게 자행되고 있다. 모두 상식을 벗어나는 행위들이다. 상식파괴의 퇴행적 모습을 보여주는 우리정치에 국민들은 실망하고 있다.

정치의 상식파괴 뒤에는 극렬 지지층이 존재한다. 상식을 벗어나도 여전히 자신을 지지하는 세력이 있는 것을 활용하여 '비상식의 상식화'를 추구한다. 하지만 생각해 보라. 정치의 최종 목표는 권력의 획득이고 이는 선거에서 유권자들의 지지를 얻어야만 가능한 것이다. 일부에 불과한 적극적 지지자들만으로는 절대로 선거에서 이길 수 없다. 극렬지지층과는 달리 상식적인 판단을 내리는 다수의 시민들이 존재하기 때문이다.

정규분포 곡선normal distribution curve을 떠올려 보자. 좌우 양쪽은 낮고 중간부분이 볼록하게 올라가 있는 종 모양을 하고 있다. 자연과 사회현상에서 비롯된 수많은 결과들은 그 값이 평균에 집중되어 있고 평균에서 멀어질수록 수가 작아지는 현상을 나타낸다. 국민들도 마찬가지이다. 한 방향으로 치우친 사고를 하는 사람들은 상대적으로 소수이고 중립적이고 평균적인 사고를 하는 국민들이 다수이다. 양극단에 속한 사람들은 맹렬하게 자신의 의사를 표출하지만, 중립적 위치의 국민들은 평소에는 자신들의 의사를 잘 드러내지 않는다. 이른바 잠재집단potential group이다. 목소리를 내지 않으니 무시되는 경향이 있다. 하지만 이들의 판단은 선거승패에 결정적인 영향을 미친다. 현명한 정치가라면 당연히 상대적으로 다수인 이들의 지지를 이끌어 내려는 노력을 기울여야 한다. 누구나 다 아는 선거 승리의 상식이다.

그런데 현실은 어떤가. 양극단에 속한 집단의 지지만을 의식한 비상식적 행위들이 지속되고 있다. 야당은 대표를 지지하는 특정 세력을 향한 메시지 관리에 주력하고, 여당은 대표선출 권한을 당원들에만 한정하는 조치를 취하였다. 소수 지지자들은 환호할지 모르지만 중간입장의 시민들은 고개를 젓는다. 양당 모두 말 없는 다수 중간집단의 지지획득은 포기한 것인가. 누구도 지지하지 않지만, 누구도 지지할 수 있는 중간적 잠재집단의 지지를 획득하는 정파가 선거에서 승리하는 것은 너무도 자명하다. 2030 유권자들을 포함한 이 스윙보터swing voter들은 어느 정파를 일방적으로 지지하지 않는다. 누구를 지지하는지도 잘 드러나지 않는다. 지역이나 이념적 지향에 얽매이지 않고 정치상황과 이슈 또는 정책에 따라 자유롭게 표를 던지는 경향이 강하다. 무엇보다 상식에 근거하여 판단을 내린다.

우리 정치는 선거승리라는 현실적 목표를 달성하기 위해서라도 이제 상식을 회복해야 한다. 개인적 범죄행위는 개인적 차원에서 대응하고, 적어도 집권여당 대표 선거라면 국민들에게 미래 비전을 제시하며 경쟁하는 것이 상식에 부합하는 것이다. 우리 국민들은 매 선거마다 현명한 결정으로 정치세력들의 오판에 경종을 울린 경우가 많았다. 오만하거나 갈등을 조장하는 정파들에게는 항상 철퇴를 가하는 투표결과를 보여주었다. 지금 정치판에서 벌어지고 있는 '비상식의 파티'들은 모두 내년 총선거를 의식한 것이다. 어떻게든 공천권만 쥐면 권력을 쟁취할 수 있다고 생각하는지 모르겠지만, 이것은 커다란 착각이다. 국민들은 생각보다 훨씬 더 현명하다. 비상식이 상식을 이길 수는 없다. 지금처럼 비상식적인 행위를 되풀이하면 다수 국민들의 외면을 받게 될 것이다. 이것이 상식이다.

입법의 기술

입법권은 의회의 고유권한이다. 절대군주시대가 종식되고 시민대표로 구성된 의회가 법을 만들고 행정부가 집행하는 권력분립의 민주주의 제도가 확립되었다. 법률은 국민들의 일상생활에 지대한 영향을 미칠 뿐만 아니라 이해관계가 복잡하게 얽혀 있어서 입법과정에서 갈등과 분쟁이 발생하는 것은 너무도 자연스러운 현상이다. 문제는 의회가 이러한 갈등을 어떻게 해소해 가면서 입법을 진행하느냐 하는 것이다. 입법에도 '기술'이 필요한 이유다.

세계 여러 나라의 입법과정을 보면, 민주화의 정도나 정치문화에 따라 다양한 양상이 나타난다. 의회에서 의원들끼리 주먹질을 벌이는 경우도 있고, 시위나 폭동이 발생하기도 한다. 물론 대부분의 선진국에서는 질서 있는 절차에 따라 평화롭고 안정적으로 입법이 진행된다. 우리의 경우는 어떠한가. 과거에는 의사당 내에서 몸싸움도 하고 날치기 통과도 있었지만 이제 이런 모습은 보기 힘들다. 국회선진화법의 영향이다. 그래서 고성을 지르거나 집단으로 퇴장하는 경우는 있어도 커다란 물리적 충돌 없이 입법이 이뤄지고 있다.

하지만 조금만 더 들여다보면 우리 국회의 입법과정은 지극히 비민주적이고 반의회적이다. 주지하다시피 의회의 존재 이유는 '국민'들의 의사를 반영하여 법률을 제정하는 것이다. 의회는 특정 정파가 아니라 국민 전체의 대표이다. 입법과정에서 다양한 국민들의 의견을 조정하고 결집하는 것이 기본적인 역할이다. 그럼에도 불구하고 다수 야당인 민주당은 회기 쪼개기, 무소속의원 활용하기 등의 꼼수를 동원하여 국회선진화법을 무력화하면서 일방적인 입법을 강행하고 있다. 정부와 여당(국민의힘)은 어떤가. 야당의 입법에 대한 비난의 목소리를 높이지만 정작 국민들이 납득할만한 대안 제시는 극히 미흡하다. 최근 이슈가 되고 있는 양곡관리법, 간호법, 언론관계법, 노동법 등에서 모두 유사한 상황이 벌어지고 있다.

더욱이 국회에서 법률이 한번 만들어 지면 이를 수정하거나 폐기하는 것이 쉽지 않다. 따라서 법을 만들 때는 당연히 국회가 중심이 되어 이해관계자들의 의견을 수렴하고 조정하는 절차가 필수적이다. 제도적으로 국회 차원의 청문회나 공청회 등을 개최할 수도 있고 또는 의원 개개인들도 이런 노력을 취할 수 있다. 그런데 이러한 민주적 과정은 대부분이 생략되고 격심한 대립 속에 일방적인 입법이 강행되고 있다. 의회의 입법과정을 통해 갈등과 이해관계의 조정과 타협이 이뤄지는 것이 아니라 오히려 사회적 갈등과 대립이 격화되고 있다.

입법과정은 정책경쟁의 장이다. 여야가 서로의 정책안을 내놓고 협상하고 타협하는 과정에서 국민들의 지지를 받는 합리적인 법안이 만들어지며 이해관계도 균형 있게 결집되는 효과를 거둘 수 있다. 그러나 우리 국회는 입법과정에서 서로 대안을 내 놓고 설득하고 이해를 구하는 노력은 전혀 없다. 그저 자기들의 지지 세력에만 신경 쓸 뿐이다. 의석수를 무기로 일방적으로 법안을 처리하는 '폭주 야당'과 뚜렷한 대안도 내놓지 못하고 손을 놓고 있는 '무능 여당'이 합작하여 국민들을 혼란스럽게 하고 있다.

한국 사회가 여러 영역에서 세계적인 수준에 이르렀고 우리의 제도와 시스템을 도입해 가는 나라들도 많다. 그럼에도 정치와 입법 역량은 여전히 한참 후진국의 모습을 벗어나지 못하고 있다. 수준 낮은 기술로 만든 제품은 조악해서 쓸모가 없다. 겉으로는 그럴듯해 보여도 얼마 사용하지도 못하고 버리는 경우가 많다. 자원의 낭비일 뿐이다. 입법도 마찬가지다. 이미 국민들이 숱하게 목격한 바가 있듯이, 민주적 절차가 생략된 법안은 내용도 엉망이고 당연히 성과도 거둘 수 없다. 머지않아 개정되거나 폐기될 수밖에 없다. 지금같이 비민주적이고 반의회적인 입법과정에서는 합리적이고 효과적인 법안이 나올 수가 없다. 극심한 사회적 혼란과 갈등만 야기할 뿐이다. 여야 모두 의회입법에 대한 자기성찰이 필요한 시점이다. 내년에 총선이 있다. 유능하고 민주적인 '입법기술자'들이 등장하여 국회의 입법과정이 쇄신되기를 기대해 보지만, 불행하게도 전망은 밝지 않다.

* 2024년 4월 22대 총선 결과 야당인 민주당이 압도적으로 승리하여 21대보다 더 큰 의석을 보유하게 되었다. 아니나 다를까. 그 이후 어떤 현상이 벌여졌는가. 역대 최악이라던 21대 국회보다 더 못한 상황이 벌어지고 있다. 21대에서 대통령 거부권으로 소멸된 법안을 야당은 그대로 다시 통과시키고 대통령은 또다시 거부권을 행사하는 악순환이 되풀이되고 있다. 그뿐만 아니라 이번 국회에서는 청문회란 명목으로 여러 사람을 불러 망신을 주거나 호통을 치는 모습이 추가되었다. 청문회가 진상을 밝히거나 입법에 필요한 정보를 얻는 것이 목적이 아니라 정치공세의 장으로 변질되었다. 더구나 당 대표를 수사하던 검사와 취임한 지 하루 된 장관급 인사를 탄핵하는 등, '입법의 기술'은 커녕 '입법의 기본'도 보여주지 못하고 있다.

허접한 현수막과 정당의 수준

가히 현수막의 천국이라 할만하다. 상업적 광고는 물론이고 행사, 공연 등을 알리는 현수막들이 거리를 뒤덮고 있다. 여기에 더해서 정당들의 정치적 선전구호가 담긴 현수막들이 무차별적으로 거리에 내걸리면서 무질서의 극치를 이루고 있다. 인터넷과 스마트폰 보급률이 세계 최고 수준의 나라로서 다양하고 효과적인 의사전달 수준을 보유하고 있음에도 불구하고, 60년대의 거리 모습이 재현되고 있다. 빠르고 정확한 최첨단의 통신수단이 자리 잡은 21세기에 현수막과 같은 원시적인 방법이 통할 것으로 생각하는 우리나라 정당들의 사고방식이 놀라울 뿐이다.

난무하는 정치현수막의 내용은 더욱 가관이다. 선동적인 구호는 보통이고 자극적인 표현이나 거의 욕설에 가까운 것도 있어 보는 사람들의 낯을 뜨겁게 한다. 분명 일반 시민들의 지지를 얻기 위해 내걸었을 텐데, 이를 보는 시민들의 반응은 불쾌함 그 자체다. 지지는 커녕 오히려 반감을 가질 가능성이 더 크다. 극렬 지지층은 강렬한 문구를 보면서 통쾌감을 느낄지 모르지만 상식을 가진 보통의 시민들은 눈살을 찌푸리는 경우가 많다. 정치현수막의 철거를 요구하는 시민들의 민원이 빗발치고 있는 것이 이를 말해준다. 정치적 표현의 자유를 빙자로 무제한의 현수막을 허용하고, 자극적이고 혐오적인 표현을 통해 시민들의 지지를 확보할 수 있다고 믿는 것이 현재 우리 정당의 수준이다.

정치학교과서에도 나와 있지만, 정당의 목표는 권력의 획득이다. 이를 위해서는 다수유권자들의 지지를 받아 선거에서 승리해야 한다. 그래서 정당은 유권자들이 다양한 요구를 결집interest aggregation하여 정책으로 제시하는 것이 본래의 기능이다. 그런데 유권자들의 이해가 너무도 다양하기 때문에 정당은 이를 통합하고 조정하는 노력을 기울이지 않으면 안 된다. 하지만 이 과정은 너무도 어렵다. 어느 집단도 자신의 이익을 쉽게 포기하지 않기 때문이다. 그래도 제대로 된 정당이라면 어떻게 해서든 대립하는 이익을 조정하고 통합하는 노력을 하는 것이 정상이다. 하지만 우리 정당들은 타협과 조정보다는 상대방에 대한 혐오와 갈등 조장에 앞장서고 있다. 허접한 수준의 정치현수막이 이를 상징적으로 보여주고 있다.

최근 이슈가 되고 있는 양곡관리법, 간호사법 등을 둘러싼 사회적 갈등은 불가피하다. 당사자들 간의 이해관계가 서로 대립되기 때문이다. 관건은 이를 어떻게 해소해 나갈 것인가 하는 것이다. 이해관계집단들의 요구를 면밀히 살펴 조정 가능한 부분을 발굴하고, 합리적인 대안을 제시해 가면서 지속적인 협상을 통해 합의점을 찾아가려는 노력이 필요하다. 민주국가의 정당이라면 당연히 해야 할 일이다. 그런데 우리 정당들은 이를 수행할 의사도 역량도 없는 것으로 보인다. 다수 야당은 무리해서라도 일단 법을 통과시키고 본다. 소수 여당은 무력하게 대응하다가 대통령의 거부권만 바라본다. 그리고 서로를 비방하는 현수막을 거리에 내 걸고 마치 자신들은 할 일을 다 했다는 듯이 남 탓으로 돌리는 행태를 반복한다. 무책임한 야당과 무능한 여당의 절묘한 콜라보collaboration다. 결국 문제는 해결하지 못하고 갈등만 커진다.

다수의 일반 유권자들을 의식하는 정상적인 정당이라면 절대로 일어날 수 없는 일들이다. 바보가 아닌 다음에야 중간에 있는 다수 유권자들의 지지를 받아야 선거에서 승리할 수 있다는 것을 모를 리가 없을 텐데 이런 행태가 지속적으로 되풀이 되고 있다. 모두 국민들은 안중에 없고 극렬지지층만을 의식하고 있기 때문이다. 이 결과 국민들 사이에는 어느 정당도 지지하지 않는 무당층이 지속적으로 증가하고 있다.

경제적으로나 문화적으로 우리나라는 이미 글로벌 수준에 도달했다. 이런 나라를 이끌어 나가겠다는 정당들이 3류 후진국에서도 볼 수 없는 '현수막 정치'를 벌이고 있다. 이를 보는 국민들은, '도대체 우릴 뭘로 보는 건가' 하는 자괴감이 든다. 국민들은 무한정 인내하지 않는다. 정치와 정당에 대한 혐오감이 더 이상 확산되지 않도록 정당의 수준을 높여야 할 것이다. 우선 저급한 현수막부터 걷어내는 것이 좋겠다.

법치주의의 위기

절대 왕정시대와 구분되는 근대국가modern state의 특징은 무엇보다 국가권력의 행사가 법과 제도에 기반을 두어야 한다는 법치주의일 것이다. 근대 이전 왕정 시대에는 절대 권력이 국왕의 뜻대로 행사되었다. 루이 14세의 '짐이 곧 국가다'라는 유명한 구절은 절대왕정의 절대적 권력을 상징적으로 보여준다. 하지만 시민사회의 성장에 따라 국가의 공권력 행사는 국민의 대표로 구성된 의회에서 제정한 법률을 근거로 해야 한다는 법치주의와 대의민주주의가 확립되었다. 의회는 근대국가의 출발점이며 법치주의와 민주주의의 근간이다. 모든 사회적 이슈와 사회적 갈등은 의회에서 제정되는 법률과 제도에 의해서 해소되는 것이 민주적 근대국가의 기본 정신이다.

오늘날 한국의 법치주의는 어디로 가고 있는가? 거리에 군중이 넘쳐나고 있다. 거리의 군중이 나라를 좌지우지하는 상황이 초래되고 있다. 법과 제도는 사라졌다. 조국이라는 법무부장관 한 명의 임명을 둘러싸고 나라가 갈라지며 법치주의의 위기가 초래되고 있다. 그것도 법과 정의를 수호해야 할 부처의 장관이라는 점이 더욱 아이러니컬하다. 그럼에도 불구하고 법치주의 수호의 가장 큰 책임을 지고 있는 대통령과 국회는 오히려 법치주의 파괴 상황을 조장하거나 방치하고 있다. 경쟁적으로 길거리 집회 규모를 확대시키며 시민들 간의 대결과 분쟁을 고조시키고 있다. 국내외적으로 거의 모든 여건이 불확실하고 어려운 상황이다. 국력을 하나로 통합해도 어느 하나 극복이 쉬운 과제가 없다. 이런 엄중한 시기에 국민을 쪼개고 나누어 국가역량을 소모시키는 일이 소위 국가지도자들이라는 사람들에 의해 자행되고 있다. 세간에는 나라가 국민을 걱정해 주는 것이 아니라 국민이 나라를 걱정하는 세상이라는 탄식이 가득하다. 21세기의 대한민국이 근대 이전의 나라로 회귀하고 있다.

법치주의의 붕괴는 정권차원의 문제가 아니다. 나라의 미래 운명이 달려 있다. 언제까지 법치를 붕괴시키는 거리의 군중정치를 방치할 것인가. 하루 빨리 법치주의의 기본 정신으로 돌아가야 한다. 국회는 최근의 사회적 갈등을 국회 내로 가지고 와서 제도와 절차에 따라 논의해야 한다. 타협과 협상을 통해 사회적 갈등을 해소하는 것이 기본 책무인 국회가 이를 방치한다면 더 이상 존재할 이유가 없다. 국회에서 논의가 이뤄지기 위해서는 사실상 민주당을 장악하고 있는 문재인 대통령이 나서야 한다. 대통령은 민주당에게 국회에서 이 문제를 논의할 수 있는 여지를 주어야 한다. 더 나아가 대통령이 직접 문제해결에 나서야 한다. 우리나라 현실에서 법치주의 수호와 사회 통합에 가장 큰 책임을 지고 있는 사람은 대통령이다. 대통령은 현재 나라를 이끌어 가는 집권세력의 대표로서 이 상황을 수습하고 해결책을 모색해야 할 가장 중요한 책임자이다. 더구나 대통령은 이번 갈등 상황을 야기한 당사자 중의 한 명이다. 결자해지의 자세로 나서야 한다.

미국에서는 대통령의 역할을 국가지도자, 국군통수권자, 국가경제관리자, 행정수반, 최고 외교관, 정파 지도자 등 대략 여섯 가지로 구분하고 있다. 이 중에서 가장 중요한 역할이 무엇인가를 묻는 설문에 가장 많은 사람들이 국가지도자national leader를 들고 있고 정파지도자party leader는 가장 적은 것으로 나타났다. 우리나라에서는 이런 설문이 없었지만 대략 비슷하게 나올 것으로 예상된다. 대통령은 당선되는 순간 특정 정파를 초월하여 국가와 국민을 대표하는 지도자가 되는 것이다. 국가지도자라면 당연히 국민들에게 통합의 메시지를 던져야 하고, 이를 통해 대한민국 국민으로서 일체감과 자부심을 가질 수 있도록 만드는데 앞장서야 할 것이다.

링컨, 루즈벨트, 오바마 등 미국의 역대 대통령 중 국민들로부터 존경받는 대통령들은 예외 없이 국가지도자로서 국민통합에 앞장선 사람들이다. 진정한 지도자는 나라의 미래를 거리의 군중에 맡기지 않는다. 대통령과 국회가 본연의 책무를 다하기를 촉구한다.

국감 풍경

국정감사가 한창 진행 중이다. 매년 일정기간을 정해서 실시하는 국정감사는 우리나라에만 존재하는 독특한 제도다. 다른 나라의 경우 의회의 행정감독은 일상적인 것이므로 청문회나 질의를 통해서 수시로 진행되는 반면, 우리는 예산 심의가 시작되기 전 약 3주에 걸쳐 중앙정부, 지방정부, 공공기관 등을 대상으로 집중적으로 국정감사가 실시된다.

국정감사 기간이 되면 국회의원은 '갑 중의 갑'이 되고, 피감기관은 감사준비로 연중 가장 바쁜 시간을 보내게 된다. 의원들은 의원들대로 자신의 존재를 드러낼 수 있는 소중한 기회이기도 하다. 그래서 튀는 복장을 하거나 심지어 동물들을 데리고 국감 현장에 등장하기도 한다. 언론에 한 줄이라도 보도되기 위해서 한편 유치하기도 하지만 나름 눈물겨운 노력을 기울이고 있는 것이다.

국감의 가장 큰 목적은 국민의 시각에서 행정부의 정책활동을 객관적으로 평가하고 합리적인 대안을 제시하는 것이다. 그리고 국감을 통해 얻어지는 정보와 자료를, 바로 이어지는 내년도 예산

심의에 반영하여 행정부의 활동이 지속적으로 보다 효율적이고 민주적으로 이뤄질 수 있도록 유도하는 것이 국감의 존재 이유다. 독특한 소품이나 아이돌 연예인을 등장시키는 행위도 이런 목적을 위해서라면 얼마든지 긍정적으로 보아줄 수가 있다.

그러나 금년도 국감의 화두는 지나치게 '여사와 대표'에 집중되어 있다. 거의 대부분의 국감장에서 민주당이 제기하는 이슈는 결국 '여사'의 문제로 귀착되고 있다. 이에 대항하여 국민의힘은 '야당 대표'를 집중적으로 겨냥하고 있다. 물론 여와 야의 최고 권력자와 그 주변에 대한 진실을 규명하고 잘못을 바로잡는 것은 매우 중요한 사안임에 틀림없다. 하지만 우리나라에 이슈가 이것밖에 없는 것은 아니지 않는가. 북한의 핵위협과 우크라이나 파병, 미국의 대통령 선거, 얼어붙은 국내경제, 더욱 심해지는 양극화 등 국내외적으로 불확실성이 가속화되고 있는 상황에서 언제까지 '여사 특검'과 '대표 방탄'만 거론하고 있을 것인가.

우리 국회의 국정감사 특징 중의 하나는 호통과 고성 그리고 정회 패턴이다. 대부분의 의원들은 정확한 분석을 토대로 행정부의 미흡함을 차분하게 지적하는 것이 아니라 일단 소리를 지르고 본다. 질문에 대한 답을 구하는 것이 아니라 일방적인 자기주장만 늘어놓는다. 그러다가 여야 설전이 벌어지고 회의가 중단된다. 질문의 내용보다는 얼마나 투쟁적인 자세로 임했는가가 더 중요하다. 답변 준비를 위해 하루 종일 대기해야 하는 공무원들과 증인, 참고인들은 허탈할 뿐이다.

이와 같은 우리 국회의 파행적 모습은 정치적 보상체계가 합리적이지 않기 때문에 나타나는 현상이다. 열심히 국감 준비를 해서 정책의 문제점을 지적하고 대안을 제시해도 별로 언론의 주목을 받지 못한다. 소리를 지르고 자극적인 언사를 내뱉어야 지지층이나 언론의 관심을 받는다. 정작 선거구의 유권자들은 자신들이 뽑은 국회의원들이 국감에서 어떤 활동을 하는지 알지도 못한다. 시간과 비용을 들여 제대로 된 국감을 해도 알아주는 사람들이 없으니 그저 여사나 대표를 거론하며 호통을 치는 것이 훨씬 더 편하고 자신의 정치적 입지에 도움이 된다고 생각하는 것이다.

어수선한 국감 와중에서도 새롭고 중요한 사실들이 밝혀지기도 한다. 예를 들면, 인터넷 은행들의 주택담보대출이 급격히 증가하였고, 금연구역에서의 불법흡연으로 시민들의 건강권이 침해되고 있음이 이번 국감에서 드러났다. 별것 아닌 것 같지만 국민들의 일상생활에 적지 않은 영향을 미치는 사안들이다. 하지만 늘 그렇듯이, 이런 문제제기들은 언론이나 여론의 주목을 받지 못한 채 정치적 이슈에 묻혀버렸다.

우리나라의 국정감사는 일정기간 동안 국회가 모든 행정부의 활동을 집중적으로 평가하고 비판하며 대안을 모색하는 거의 세계 유일의 제도다. 그래서 국회의 간섭을 싫어했던 권위주의 정권은 국감을 폐지하기도 하였지만, 민주화 이후에 다시 부활되었다. 이와 같이 국감은 역사적으로나 권력분립의 헌법정신에 비추어 보거나, 민의를 반영하여 국가의 발전을 도모하는 매우 중요한 제도다. 부디 앞으로 국감 기간만이라도 국회와 행정부가 머리를 맞대고 차분히 국정을 논의하는 장면을 보여주기 바란다.

대의제의 몰락

민의의 전당, 국민의 대표기관, 모두 의회를 일컫는 말이다. 다양한 국민들의 의사를 한데 모아 법을 만들고, 그 법안들이 제대로 집행되는 지 국민들을 대신하여 감독하는 것이 본래 의회의 역할이다. 근대민주주의는 바로 이 의회제도에서 출발되었다. 이런 중요한 일을 하는 대가로 일반국민들은 누리지 못하는 온갖 특권을 부여하고, 수명의 보좌진을 거느리게 하고, 상당한 수준의 보수도 지급하고 있다. 하지만 요즘 우리나라 국회를 보면 도저히 국민의 대표라는 단어를 사용할 수가 없다.

우리 국회에는 타협이나 협상은 없다. 오로지 탄핵과 특검, 그리고 거부권만 있을 뿐이다. 국민들이 원하는, 민생이나 경제·안보와 관련된 정책이나 법안에는 아예 관심이 없다. 비상한 사유가 발생했을 때 매우 제한적으로 사용되던 탄핵과 특검이 이제 일상화되었다. 22대 국회 개원 두 달 만에 민주당이 주도하여 처리한 탄핵안이 7회, 특검은 10회에 달한다. 법안은 겨우 6건을 처리했는데 모두 민생과는 관련 없는 것이고 이마저도 다수 야당이 일방적으로 통과시킨 것이다. 야당인 민주당은 우리 정치사에 유래가 없을 정도로 거칠게 입법권력을 휘두르고 있다. 이에 대한 여당인 국민의힘의 대응은 고작 필리버스터나 대통령의 거부권에 의존하는 것밖에 없다.

지난 선거에서 민주당은 절대 다수 의석을 획득하였으나 득표율로만 보면 국민의힘과 5% 정도 차이가 난다. 의석수만큼 절대적인 지지를 받은 것은 아니란 의미다. 그렇다면 민주당도 의석수만 믿고 이렇게 막무가내식 행태를 보이는 것은 장래의 집권에 도움이 되지 않을 것이다. 열성 지지층은 박수를 치겠지만 중도성향의 국민들은 오히려 지지를 철회할 것이기 때문이다. 대통령과 여당도 마찬가지다. 선거패배 이후 기존의 정책지향이나 정부운용 방법의 변화를 도모하여 새로운 출발을 모색하는 것이 당연함에도 불구하고, 이전과 달라진 모습이 보이지 않는다. 여전히 계파끼리 권력투쟁에 시간을 허비하고 있는 것을 보면 전혀 집권당답지 않다.

국회는 정당에 소속된 의원들로 구성되어 있고, 정당은 권력을 획득하는 것이 가장 큰 목표다. 이를 위해서는 열성 지지층 말고 중도의 스윙보터를 잡아야 한다는 것은 누구나 알고 있는 기초상식이다. 우리 정치에는 이 상식이 통하지 않은지 오래되었다. 다수의 일반국민보다 소수의 극렬지지자들만 바라보고 있다. 정치에서 국민이 사라졌다. 국민의 대표가 아니라 '팬덤의 대표'로 전락하였다. 더구나 우리 정당은 이념적·제도적 기반이 취약하고, 정당의 보스가 공천을 주도하는 비민주적 관행으로 인하여 국회의원들이 국민보다는 당의 권력자를 더 중시한다. 국민들의 요구나 의견보다 대통령이나 당대표의 의중과 안위를 더 챙긴다. 국민의 대표가 아니라 '권력자의 대표'가 되어버렸다. 결국 민주주의 근간을 이루는 대의제가 붕괴된 지경에 이르렀다.

대의제의 또 다른 한 축인 지방의회도 마찬가지다. 멀리 갈 것도 없이 울산시의회를 보시라. 같은 정당 내에서 서로 의장이 되겠다고 다투다가 법정까지 끌고 갔다. 시의회는 그대로 정지 상태다. 시민들은 안중에 없고 자신들끼리의 권력투쟁만 존재할 뿐이다. 이미 오래 전부터 대다수의 국민들은 지방의회의 필요성에 대해 회의적인 생각을 가지고 있다. 지방 차원에서 나타나는 대의제의 몰락이다.

국민들의 의견을 반영하여 좋은 정책을 만들고 집행부를 감독해야 할 국민의 대표들이 정작 국민들을 바라보지 않는다. 국민보다는 권력자의 눈치를 보고 그들의 안위를 걱정하며, 극렬지지자들의 응원 유혹에 빠져 대의제를 파탄시키고 있다. 국회는 민의의 전당이 아니라 혐오와 갈등의 진원지로 전락했다. 폭염이 기승을 부리는 요즘, 국민들을 더욱 지치고 짜증나게 하는 것은 더위가 아니라 바로 우리 국회다. 대의제의 몰락을 지켜보는 국민들의 근심과 걱정이 들리지 않는지 국회는 여전히 하루하루를 정쟁으로 소모하고 있다. 의회를 통한 권력분립으로 견제와 균형을 이루고, 이를 통해 국민을 위한 통치가 가능할 것으로 생각한 프랑스 사상가 몽테스키외Montesquieu가 통탄할 일이다.

누구를 뽑나?

총선을 앞두고 정당들이 전열을 정비하고 있다. 공천도 거의 마무리되어 이제 유권자들의 선택만 남았다. 후보들 중에는 일부 새로운 얼굴도 보이지만 참신성과 혁신성 면에서는 한참 떨어진다. 시스템 공천이라고 내세우지만 누가보아도 시스템은 작동되지 않았다. 겉으로는 여론조사 비율을 반영하는 등 마치 정교한 계량적 지표에 따라 엄정하게 공천을 진행한 것 같지만 실은 개인적 충성도를 고려하는 자의적 선택만 있을 뿐이다.

사실 우리나라 정당의 공천은 제도적으로나 구조적으로 공정하고 투명한 공천이 거의 불가능하다. 우선 오로지 선거승리만을 위해 이른바 위성정당을 만드는 것 자체가 어불성설이다. 국민들의 다양한 정치적 선호를 반영하기 위해 도입된 비례대표제가 거의 누더기 수준으로 형해화 되었다. 도대체 어떤 선진문명국 중에 이런 '사기정당'을 만들어 국민들을 현혹하는 곳이 있는가. 더 나아가 민주당은 연합공천이라는 명목으로 지지세력을 규합하는 수단으로 악용하고 있으니 더욱 기가 찰 노릇이다.

대부분의 정당은 소수의 위원회를 구성하여 면접과 여론조사를 병행하여 공천자를 결정하고 있다. 그런데 이 모든 과정이 비공개적이며 불투명하다. 국민들은 왜 그 사람이 자기 지역의 후보가 되어야 하는지 전혀 알 수가 없다. 반면 정당의 권력자들은 후보선정에 절대적인 영향을 미칠 수 있는 구조다. 우리나라 정치의 지역적 특성상 공천이 곧 당선으로 이어지는 곳이 많다. 주지하다시피 민주당은 호남, 국민의 힘은 영남을 기반으로 하고 있다. 공천이 곧 당선을 보장하므로 결국 소수의 권력자들이 밀실에서 은밀하게 상당수의 국회의원들을 자신들의 입맛대로 결정하고 있는 셈이다.

많은 국민들은 공천결과에 실망하고 있다. 무엇보다 역대 최악이라는 평가를 받고 있는 21대 현역 국회의원의 교체비율이 높지 않다. 사람만 바꾸는 것이 능사는 아니지만, 최악의 국회를 만들었던 사람들을 그대로 두는 것은 양당 모두 혁신의지가 없다는 것을 의미한다. 21대 국회는 모든 국민들을 위한 민생정책보다는 극렬 지지층을 대상으로 하는 정치적 주장만을 앞세웠고, 다양한 의견을 가진 국민들의 통합보다는 분열과 대립을 조장했다. 극히 무능력하고 비생산적이었다. 그러면서도 자신들의 특권과 특혜는 기를 쓰고 확대해 왔다.

이런 인물들이 대거 교체되지 못하고 또다시 후보로 공천되었다. 국민의힘의 경우 여러 다선의원들이 돌려막기로 공천되었고, 돌격대 역할을 했던 초선들도 대거 공천을 받았다. 민주당의 경우 인물 교체비율은 조금 높은 편이지만, 당 대표 형사사건의 법정변호를 담당했던 사람, 강성 지지층의 지원을 받은 사람들이 대거 등장하였다. 거기다가 국론분열의 장본인이자 실형을 선고받은 조국 전장관은 정당을 급조하고 여기에 법적·정치적 흠결을 안고 있는 사람들이 모여들고 있다.

결국 국회의원은 이들 중에서 나오게 될 것이다. 우리가 플라톤이 말한 지혜와 용기와 절제를 갖춘 '현인賢人'을 기대하는 것은 아니지만, 정말 뽑고 싶은 사람을 찾기가 힘들게 되었다. 그래서 22대 국회는 21대보다 더 극심한 대립으로 점철될 것이라는 우려가 벌써부터 나오고 있다. 하지만 이를 그대로 방치할 수는 없다. 국민들은 다음 국회는 확연히 달라지기를 절실히 원하고 있다. 상대를 극렬하게 비난하고 공격하는 사람보다는 타협하고 수용하려는 사람을 뽑고 싶다. 갈등을 조장하는 사람보다는 중도적이고 합리적인 인물을 뽑고 싶다. 그런데 문제는 그런 후보가 잘 보이지 않는다는 것이다.

그래서 이번 선거에서는 적극적으로 훌륭한 사람을 찾기보다는 거꾸로 국회의원으로 가장 적합하지 않은 사람을 뽑지 않는 방식으로 접근하는 것이 적절할 것 같다. 예컨대 강경한 언사로 상대를 공격하고 막말과 혐오 발언을 일삼았던 사람, 국민들보다는 권력자 주변에서 아부와 비굴함으로 버티어 왔던 사람은 절대 뽑지 말아야 한다,

대다수의 유권자들은 보편적인 상식과 교양을 가진 사람들이다. 그리고 국민들은 정치인들보다 현명하다. 나라가 어려울 때마다 국민들의 현명한 선택으로 방향이 바로잡힌 경우가 많았다. 이번 선거에서도 재현되기를 고대苦待한다.

총선, 무엇을 경쟁할 것인가

22대 총선을 앞두고 있다. 거리를 뒤덮은 현수막은 선거철이 성큼 다가왔음을 보여준다. 자신들은 기발하고 재치 있는 문구라고 생각할지 모르지만 이를 바라보는 시민들은 불편하다. 선거를 치러야 하는 국민들의 마음은 현수막보다 더 어지럽고 무겁다. 또 이런 사람들에게 나라의 미래를 맡겨야 하나 걱정이 앞선다.

언제부터인가 우리 정치는 '실수' 경쟁이 되고 있다. 큰 실수만 하지 않으면 상대의 실수로 승리를 거둘 수 있기 때문이다. 정당의 구성과 운영에 허점이 많고 역량이 부족하여 언제든지 악수惡手를 둘 가능성이 크기 때문에 그 틈을 노리는 것이다. 그래서 다른 정당보다 앞서서 구체적인 정책을 제시하기를 주저하거나, 새로운 변화를 도모하는데 있어서도 소극적인 경향이 강하다.

하지만 이번 선거에서는 이런 접근이 통하지 않을 가능성이 크다. 그동안 정치에 식상한 국민들이 너무도 많기 때문이다. 거의 모든 여론 조사에서 지지정당이 없는 무당층이 30% 이상으로 나타난다. 지역별로도 영호남 가릴 것 없이 무당층 비중이 역대 최대 규모다. 국민들에게 어필하는 가장 손쉬운 전략이 신인을 공천하거나 지역구를 '텃밭'에서 격전지로 변경하는 것이었다. 하지만 이것도 이제 더 이상 국민들을 감동시키기 어렵다. 지난 몇 차례의 총선에서 당선된 초선의원의 비율이 절반을 넘는다. 세계 최고 수준이다. 그렇다고 해서 달라진 것이 있는가. 국회 운영이 민주화되고 국민들에게 희망을 주는 법안들이 만들어지고 있는가. 형식적 '물갈이'만으로는 국민들의 기대에 부응하기 어렵다는 것이 이미 입증된 것이다.

그렇다면 어떻게 할 것인가. 선거승리를 위해서는 인물교체뿐만 아니라 혁신경쟁을 해야 한다. 정당은 물론 후보들도 의회의 제도와 운영을 혁신하는 방안을 제시해야 한다. 무엇보다 국회의원들의 특권을 내려놓는 경쟁을 하기 바란다. 주지하는 바와 같이 우리나라 국회의원들이 누리는 특혜는 세계에 유래가 없는 수준이다. 고액의 연봉, 다수의 보좌진, 불체포 특권 등 이미 알려진 것 외에도 KTX 무료, 전용목욕탕, 가족들도 이용할 수 있는 전용병원 등 국민들이 잘 모르는 것까지 합하면 정말 놀랄만한 수준이다. 물론 선거 때가 되면 세비삭감이나 불체포 특권 폐지 등을 공약한 경우가 있었지만 정작 당선되고는 한 번도 지킨 적이 없다. 오히려 극심한 여야 대립 속에서도 자신들의 특권을 늘리는 데에는 의견이 완벽히 일치했다. 난공불락의 '특권 카르텔'이다. 국민들은 당연히 이 철옹성을 먼저 깨트리는 정당과 후보를 지지할 것이다.

또한 국회의원은 지역구가 있지만 국민을 대표하는 존재이다.

그런데 총선공약들을 보면 구청장 후보인지 국회의원 후보인지 구분이 쉽지 않다. 물론 당선되기 위해서는 주민들의 지지가 필요하므로 지역의 현안을 무시하기는 어렵다. 하지만 공약의 대부분이 지역문제에 국한되는 것은 피하는 것이 좋겠다. 국가적 아젠다agenda를 개발하고 이를 선거에서 공약으로 제시하는 것은 국회의원의 중요한 책무이기 때문이다. 비록 선거는 지역에서 치르지만 국가적 현안에 대한 의견을 제시하고 이를 지역과 연계하여 해결하려는 노력이 필요하다. 이를 통해 후보자 자신도 지역의 대표에서 국가적 지도자로 성장할 수 있을 것이다. 울산은 상대적으로 전국적인 정치인의 배출이 여의치 않았던 것이 사실이다. 인구규모나 위치 등 등 지정학적 한계도 있으나 정치인 스스로 자신의 입지를 지역에 국한시켰기 때문이기도 하다. 요즘은 다양한 정보 매체를 통해 자신의 소신이나 정책아이디어를 확산시키는데 아무런 제약이 없다. 다음 총선을 통해 울산에서도 지역을 초월한 전국적인 인물이 등장하기를 기대해 본다.

지금 유권자들의 상당 부분을 차지하고 있는 무당층은 바로 중도층이다. 결국 이들의 지지를 얻는 정당과 후보가 선거에서 승리한다. 중도층의 특징은 여야 가리지 않고 변화하고 개혁하는 정당을 지지한다는 것이다. 정당 내부에서 아무리 혁신을 부르짖어도 국민들이 체감하고 인정할만한 것이 아니면 아무 소용이 없다. 유권자들은 과감히 자기혁신을 도모하는 정치인을 원한다. 여기에 국가적 리더로의 성장가능성까지 보여준다면 금상첨화일 것이다.

* 이러한 기대는 2024년 4월에 치러진 22대 총선에서 여지없이 허물어졌다. 어느 정당도 국회의원 특권 축소나 폐지를 공약으로 제시하지 않았다. 미래를 제시하는 정책경쟁도 볼 수 없었다. 선거를 계기로 유권자들의 지지를 받기 위해 조금이라도 변화하는 모습을 보여주지 않을까 기대했던 것이 무색할 뿐이다. 선거는 '정권심판'을 외치는 민주당과 '야당심판'을 외치는 국민의힘의 수준 낮은 경쟁 속에 야당인 민주당의 압승으로 막을 내렸다. 선거과정에서 변화와 혁신 그리고 미래는 보이지 않았다. 아니나 다를까 22대 국회는 출범 이후 막말, 탄핵, 특검 등으로 사사건건 부딪치며 역대 최악의 모습을 보여주고 있다.(그러고 보니 우리 국회는 항상 최악이라는 소리를 듣는다.)

사라예보 단상斷想

몇 년 전 여름에 사라예보를 방문할 기회가 있었다. 세르비아의 베오그라드에서 출발한 버스는 300km도 안 되는 거리를 6시간이나 달려서야 사라예보에 도착한다. 도로 인프라가 아직 여의치 않은 발칸반도의 꼬불꼬불한 산길을 달리는 동안 군데군데 보이는 시골 동네에는 빈집들이 심심치 않게 눈에 띈다. 심지어 벽에 총탄 자국이 선명히 나있는 집들도 꽤 있다. 모두 지난 90년대에 있었던 유고 내전內戰의 상흔들이다.

나이가 좀 있는 사람들은 사라예보 하면, 이에리사라는 걸출한 선수를 보유한 우리 여자 탁구팀이 1973년 4월 이곳에서 열린 세계선수권대회 단체전에서 우승한 것이 기억날 것이다. 또한 사라예보는 제1차 세계대전의 도화선이 된 오스트리아의 황태자 페르디난트 부부 암살사건의 현장이기도 하고, 유고내전 당시 세르비아에 의해 두 달 정도 포위를 당해 시민들이 엄청난 고초를 겪었던 비운의 도시이기도 하다.

과거 오스만투르크와 유고연방 시절 중요한 역할을 했던 사라예보는 유고연방 해체 이후 보스니아-헤르체고비나(보스니아)라는 긴 이름을 가진 나라의 수도가 되었다. 보스니아는 인종과 종교가 삼분三分되어 있는데, 이슬람을 믿는 보스니아인 30~40%, 동방정교을 믿는 세르비아인 20~30%, 카톨릭 신자인 크로아티아계 10~20%로 구성되어 있다. 이러한 분포는 인구 40만의 사라예보에도 그대로 적용되어 세 민족이 제각기의 종교를 믿으며 한 도시에서 공존하고 있다. 사라예보를 방문하는 관광객들은 이슬람 사원, 카톨릭 성당, 동방정교 교회를 걸어서 쉽게 돌아볼 수 있을 정도로 다양하고 이질적인 문화가 한 곳에 자리 잡고 있다. 이를 상징적으로 보여주는 곳이 바로 바슈카르지야 거리이다. 기독교 지역에서 한걸음만 옮기면 이슬람지역이 된다. 상점들의 모습이나 판매물품도 완전히 달라진다.

지금이야 이색적인 거리모습을 즐기려는 관광객들로 붐비지만, 현대사를 조금이라도 아는 사람이라면 참으로 아슬아슬한 느낌을 주는 곳이다. 불과 30여년 전만 해도 세르비아가 이 도시 전체를 포위하고 '인종청소'를 시도했던 살벌한 장소다. 그래서 사라예보는 여전히 조심스럽다. 전쟁의 참화를 겪은 사람들이라 그 피해를 너무도 잘 알기에 서로 자제하고 있지만 언제 폭발할지 모르는 화약고 같은 곳이다.

사라예보는 최근 관광객들이 몰려들면서 서서히 활기를 되찾고 있다. 하지만 보스니아는 발칸반도에서도 가장 낙후된 지역의 하나이다. 이렇게 된 이유는 계속되는 전쟁의 피해가 컸기 때문이지만 보스니아의 독특한 리더십 구조도 중요한 원인으로 보인다. 보스니아에는 현재 세 명의 대통령이 공동으로 통치하고 있는데, 한 사람이 8개월씩 돌아가며 대통령직을 수행하고 있다. 유고내전 후 체결된 데이턴Dayton 평화협정에 따라 이슬람계와 크로아티아계가 세운 보스니아-헤르체고비나연방과 세르비아계의 스르프스카 공화국이 공존하는 복잡한 정치체계를 갖게 되었기 때문이다. 보스니아 지역을 대표하는 세 민족에게 각각의 지분을 인정하다보니 지구상에 유래를 찾기 힘든 '윤번제 대통령'의 공동통치 형태가 등장한 것이다. 이 결과 보스니아는 큰 충돌을 피하면서 현 체제를 유지할 수는 있으나, 장기적인 계획과 전략을 수립하여 국가와 사회를 발전시킬 수 있는 동력을 확보하는 것은 거의 불가능한 상태가 되어버렸다.

우리는 보스니아와 달리 인종 간, 종교 간 대립과 갈등이 거의 없다. 그럼에도 불구하고 지역 간, 세대 간, 계층 간 갈등의 골이 깊어지고, 이를 정치세력들이 증폭시키면서 사회적 에너지를 낭비하고 있다. 온갖 어려움을 딛고 선진국의 문턱에 다다른 우리에게 보스니아가 던져주는 메시지는 너무도 분명하다. 사회통합적 리더십이 없으면 아무 것도 이룰 수가 없다는 것이다. 우리의 현실은 인종이나 종교로 갈라진 보스니아에 못지않게 심리적으로는 어쩌면 더욱 더 치열한 내전을 치르고 있는 것처럼 보인다. 인종과 종교가 달라도 그런대로 평화롭게 공존하고 있는 보스니아가 오히려 부러울 정도다.

책임 있는 마무리

문재인 정부의 임기가 이제 딱 1년 남았다. 문재인 정부는 출범 이후 우리 사회의 여러 부문에서 많은 변화를 시도했고, 그동안 시행했던 정책의 결과들이 속속 나타나고 있다. 이른바 '한 번도 경험해 보지 못한 나라'에 대한 평가는 각자의 관점에 따라 긍정적 또는 부정적으로 다르게 나타날 것이다. 중요한 것은 남은 기간 동안 마무리를 제대로 하는 것이다.

소득주도성장, 탈원전과 같은 것은 워낙 정권의 대표 브랜드 정책이라 1년 내에 큰 변화를 도모하기는 어려울 것이다. 반면 이에 못지 않게 중요한 이슈임에도 불구하고 그동안 상대적으로 소홀하게 취급된 사안들이 적지 않다. 남은 기간에는 그동안 미뤄놓은 이 과제들을 해결하는데 좀 더 집중하여 다음 정부의 부담을 덜어 주었으면 한다.

우선 국민연금 문제이다. 당초 국민연금 개혁은 대통령 공약사항이었다. 추계에 의하면 2057년 무렵에는 국민연금 기금이 완전히 고갈될 것이며, 고령화, 저출산 등으로 이 시기가 더욱 빠르게 도달할 것으로 예상되고 있다. 그래서 정부는 2018년 국민연금 개혁방안을 제시했다. 기금고갈 시기를 연장하려면 부담률을 높이고 혜택을 줄이는 방법 밖에 없다. 하지만 이에 대한국민들의 여론이 좋을 리가 없다. 그러자 연금개혁 논의가 그대로 중단된 채 오늘에 이르고 있다. 국민들을 대상으로 이해와 설득을 구하기는 커녕 아예 언급조차 없다. 언젠가는 터질 미래의 시한폭탄이 그대로 방치되고 있는 것이다.

낙태죄도 마찬가지이다. 헌법재판소는 2019년 4월 형법의 낙태죄 조항에 대해 헌법불일치 결정을 내렸으며, 해당 조항을 2020년 말까지 개정하도록 판결하였다. 이에 정부는 2020년 10월, 임신 14주까지는 낙태를 허용하는 것을 핵심으로 하는 개정안을 내 놓았다. 하지만 국민의 여론은 극심하게 갈라졌다. 특히 낙태를 원칙적으로 허용하라는 여성계와 이에 반대하는 종교계의 대립이 심화되었다. 그러자 정부는 더 이상 논의를 진전시키지 못한 채 헌재에서 정한 기한을 넘겨 오늘에 이르고 있다. 국민들의 인권과 건강이 관련된 낙태죄 이슈가 정부의 무관심과 무책임 속에 어정쩡한 채로 방치되어 있다.

출산율 저하 문제도 심각하다. 우리나라 합계출산율은 작년 0.84명으로서 세계 최하위 수준이며, 특히 문재인 정부 들어 줄곧 하락세를 보이고 있다. 그럼에도 불구하고 출산율 제고를 위한 정부의 정책활동은 획기적인 변화를 보이지 않고 있다. 물론 저출산은 어제 오늘의 문제가 아니며, 단기적인 노력에 의해 가시적인 성과를 거둘 수 있는 분야가 아니다. 그러기 때문에 더욱 더 장기적인 관점에서 국정의 최고 책임자가 지속적으로 관심을 가져야 할 이슈이기도 하다. 만일 성과를 내기 어려워서 아예 언급 자체를 꺼리는 것이라면 문제가 아닐 수 없다.

방치되고 있는 것은 이뿐만이 아니다. 이전 정부에서 수행한 한일 위안부합의는 사실상 폐기되었지만 후속 조치는 전혀 이뤄지지 않고 있다. 전 정부에서 추진한 정책에 문제가 있다고 비판했으면 새로운 대안을 내놔야 할텐데, 문재인 정부는 위안부문제를 어떻게 해결할 것인지 전혀 언급이 없다. 학령인구의 감소에 따른 대학의 구조조정 문제에도 소극적 대응으로 일관하고 있다. 대학이 스스로 몰락하기를 기다리는 것 같은 느낌이다.

이러한 사안들은 국민들의 여론이 갈라져 있거나, 성과를 거두기가 쉽지 않은 것들이다. 모두 정치적 부담이 큰 사안들이다. 그래서 일단 시간을 벌면서 회피해 보려는 경향이 강한 것 같다. 하지만 이제 남은 시간이 별로 없다. 1년밖에 남지 않은 시점에서 아무런 조치도 취하지 않은 채 그대로 다음 정부에 넘겨 버리는 것은 너무 무책임하다.

이제 그간 필요 이상으로 매달려 온 '적폐청산'과 같은, 실체도 불분명한 추상적 이슈나 '검수완박'과 같이 민생과는 거리가 먼 이슈에서 벗어나, 그동안 상대적으로 소홀히 취급되었던 문제들에 역량을 집중하는 것이 좋겠다. 문재인 정부의 남은 1년은 그동안 밀려 있던 숙제를 차분히 해소해 나가는 시간이 되기 바란다. 이것이 바로 국민들이 기대하는 정권 말기의 책임 있는 마무리 모습일 것이다.

"입장이 없다"는 대통령

국회의 절대 다수를 차지하고 있는 민주당이 사회적 영향이 큰 법률들을 일방적으로 통과시키고 있다. 수술실에 CCTV를 설치하는 법, 사학의 자율성을 제약하는 법이 의료계와 사학단체들의 반대 속에 통과되었다. 언론의 취재활동을 제한하는 '언론중재법'은 거의 모든 언론관련 단체들의 반대 속에 겨우 재논의에 들어간 상황이지만 기필코 관철하겠다는 민주당의 입장에는 변화가 없다. 이들은 모두 우리사회에 지대한 영향을 미치는 법률들이다. 많은 전문가들이 민주당의 일방적인 '입법폭주'를 우려하고 있지만, 이에 못지않게 이해할 수 없는 것은 바로 문재인 대통령과 청와대의 태도이다. 이들 이슈에 대한 청와대의 반응은 한결 같다. '입장이 없다'는 것이다.

'입장이 없다'는 것은 정치적 중립을 지키려는 고육지책으로 포장되기도 하지만, 내심 묵시적 동의를 의미한다는 것을 모르는 사람은 없을 것이다. 민주당이 압도적 다수인 국회에서의 결정을 그대로 수용하겠다는 의미인 것이다. 하지만 이러한 태도는 대통령의 책임성, 입법부와 행정부 간의 권력분립 등 여러 면에서 많은 문제를 야기할 가능성이 크다.

국회에서 통과되는 법은 대통령의 재가를 거쳐 공포되어야 효력을 발휘한다. 대통령이 거부권을 행사하면 국회에서 재논의를 해야 한다. 따라서 국회에서 논의되는 법안에 대해 대통령이 입장이 없다는 것은 애초부터 성립되기 어렵다. 그래서 입장이 없다는 것을 강조하는 것은 법안을 둘러싼 정치적 · 사회적 논란에서 자신은 벗어나겠다는 의미이다. 그런데 사회적 논란과 갈등의 가장 권위 있는 조정자이자 종국적인 결정자가 누구인가. 바로 대통령 아닌가. 따라서 입장이 없다는 것은 사회적 논란을 해결해야 할 국정의 최고책임자가 자신에게 부여된 중요한 책무를 방기放棄하는 것과 마찬가지이다.

또한 국회에서 통과된 법률은 대통령이 수반으로 있는 행정부에 의해서 집행되어야 한다. 대통령은 법률의 최고 집행책임자인 것이다. 자신이 책임지고 집행해야 할 법률의 내용을 둘러싸고 사회적 논란이 벌어지고 있는데 입장이 없다는 것은 아무 법률이나 국회에서 결정해 주면 그대로 집행하겠다는 의미이다. 이는 행정부의 입법부에 대한 견제 역할을 제약하여 '입법폭주'를 야기하는 주요 원인이 되고 있다. 뿐만 아니라 행정부 소속 관료들의 사기를 저하시키고 소극적 대응을 부추겨 결국 국가역량의 훼손을 초래하고 있다.

대통령이 최고 책임자인 행정부에는 전문성이 축적된 관료집단이 있다. 이들은 국회에서 논의되는 법안의 문제점과 보완되어야 할 사항을 누구보다 잘 알고 있다. 이전에는 관료들이 국회의 법안 결정과정에서 적극적으로 의견을 개진하고 국회도 이를 반영하여 법안의 내용에 수정을 가하는 경우가 많았다. 하지만 근자에는 행정부처의 의견을 구하지 않거나 무시하며 다수당이 일방적으로 통과시키는 법안이 늘어나고 있다. 행정부 수반인 대통령이 입장이 없다는데, 장관이나 관료들이 어떻게 자기 의견을 적극적으로 제시할 수 있겠는가. 이로 인해 행정부는 민주당에 끌려 다니거나 민주당의 주장을 합리화 하는 역할 밖에 못하고 있으며, 문제 해결에 기여하지 못하는 졸속 법안들만 양산되고 있다.

청와대는 문재인 대통령의 지지율이 40% 정도를 유지하고 있는 것을 근거로 현 정부는 말년이 없다거나 레임덕이 없음을 강조하고 있다. 정치적으로는 맞는 말이고 어느 정도 의미를 부여할 수 있을 것이다. 하지만 국정의 최고책임자이자 사회적 갈등의 최종적인 해결자인 대통령이 과연 사회적 이슈에 대해 입장을 표명하지 않는 것이 바람직한가? 대통령은 국가를 이끌어 가는 최고 리더이다. 노벨상을 수상한 저명한 사회과학자 사이먼Herbert Simon은 '리더는 마지막 말last word을 하는 사람'이라고 정의하였다. 리더는 최종적인 책임을 지는 사람이다. '입장이 없다'를 되풀이 할 것이 아니라, 적극적으로 나서서 다양한 의견을 듣고 균형 잡힌 결정을 내리는 책임 있는 지도자의 모습을 보여 주었으면 한다.

대통령의 설명책임

전제군주시대에는 국왕이 내린 명령에 누구도 이의를 제기할 수 없고 복종만이 있을 뿐이었다. 국왕의 권력은 신이 내린 것이기 때문에 아무도 침범할 수 없다는 논리로 정당화되었다. 따라서 국왕 스스로 결정한 것에 대해 굳이 국민들에게 이해를 구하거나 설명할 필요가 없었다. 절대왕정이 무너지고 의회민주주의가 등장한 이후 권력의 원천은 국민들로부터 나온다는 주권재민主權在民의 원칙이 확립되었다.

절대왕정과 국민주권 시대의 차이는 무엇인가? 권력자가 명령하고 지시하는 것이 아니라, 주인인 국민들에게 자세히 설명하고 이해를 구하는 것이 가장 큰 차이가 아닐까. 우리는 TV에서 1주일에 한 두 번은 미국 대통령이나 일본 수상이 언론을 통해 직접 국민들에게 주요 이슈에 대해 설명을 하고 이해를 구하는 장면을 목격할 수 있다. 특별한 형식을 갖추어 기자들을 모아 놓고 하는 것도 아니다. 이동 중에 기자들이 질문을 하면 자연스럽게 국민들이 궁금해 하는 정책에 대해 자신의 생각을 밝힌다. 그런데 정작 우리 대통령이 직접 육성을 통해 국민들에게 메시지를 전달하며 소통하는 장면은 거의 볼 수가 없다. 대변인을 통하거나 서면을 통해 일방적으로 통보될 뿐이다.

국민들은 정부가 결정한 정책과 조치에 대해 궁금한 점이 많다. 국정 담당자들은 이 궁금증을 해소해 줄 책임이 있다. 바로 설명책임accountability이다. 백신 공급이 다른 나라에 비해 왜 늦었는지, 우리 공무원이 해상에서 왜 북한에 피격되었는지, 원전은 친환경에너지 분류에서 왜 제외했는지 등 정부에 묻고 싶은 것이 너무도 많다. 그런데 문재인 정부는 일방적 해명과 방어에만 열중한다. 누구도 속 시원한 설명을 해주지 않는다. 충분한 설명이 없으면 세간에는 억측과 '카더라' 통신이 난무하며 혹세무민의 온갖 설들이 퍼지면서 정부의 신뢰도만 하락하게 될 뿐이다.

설명책임은 결정의 배경과 경과, 정책의 영향 등을 단순히 설명하는데 그치는 것이 아니라, 설명의 사실 여부를 확인하는 것을 허용하고, 이에 대응할 의무를 지는 것을 의미한다. 즉 설명책임 속에는 결정에 오류가 발생했을 경우 이를 개선하고 재발을 방지하는 조치를 취하는 책임까지 포함되어 있다. 따라서 설명책임을 이행하는 것은 주권재민의 책임정치를 근간으로 하는 민주주의 체제의 핵심적인 요소가 되는 것이다. 우리는 정부의 정책오류가 발생하였을 때, 도대체 누구에게 책임을 물어야 할지 모호한 경우가 많다. 부동산 가격이 급속히 상승하여 부동산 대란이 일어나도, 원전 안전성 평가를 조작하여 멀쩡한 원전을 정지시켜도 도대체 누구 책임인지를 알기가 어렵다. 그래서 책임지는 사람도 없고, 책임을 물을 수도 없으며, 누구도 책임지지 않기 때문에 동일한 오류가 계속 되풀이 된다. 모두 설명책임을 이행하지 않기 때문에 발생하는 '무책임'의 현상이다.

설명책임의 이행은 당연히 정부의 투명성을 제고시킨다. 국민들에게 제대로 설명을 하기 위해서는 정부가 보유하고 있는 관련 정보와 자료들을 모두 공개할 수밖에 없다. 결정과정의 참여자와 그들의 역할, 필요한 재원의 규모와 출처 등이 자연스럽게 드러나게 되며, 이를 통해 국민들이 정책의 과정과 영향을 정확히 평가하는 것이 가능해 진다. 불리한 것은 감추고 생색내기 좋은 것만 선별적으로 공개하는 것이 아예 불가능해 지는 것이다.

또한 설명책임은 권한이 클수록 커지는 것이 당연하다. 특히 대통령은 대부분의 주요 국가정책에 대해 직접 국민들에게 설명책임을 지고 있다. 국정에 문제가 생기면 대통령은 해당 부처의 장관이나 담당자를 질책하는데 그칠 것이 아니라, 직접 그 상황을 설명하고 재발방지 대책을 제시하며 국민들에게 이해를 구하는 것이 국정책임자로서의 올바른 자세일 것이다.

대통령은 설명책임을 제대로 이해하고 실천했으면 한다. 일방적인 지시나 통보 또는 보여주기식 소통이 아니라 국민들에게 직접 소상히 설명하고 책임지는 대통령을 보고 싶다.

* 이상은 문재인 대통령 시절에 쓴 글이다. 문대통령은 취임사에서 '국민과 수시로 소통하는 대통령이 되겠다'고 다짐하였지만, 재임 5년 동안 '국민과의 대화' 2회를 포함하여 도합 10회의 기자회견을 가지는데 그쳤다. 윤석열 대통령도 취임 시에는 '언론과의 소통은 바로 국민과의 소통'이라고 하면서 활발한 소통을 강조하였다. 그래서 윤대통령은 취임 초기 이른바 도어스테핑door stepping을 통해 매일 출근길에 기자들의 질문에 답을 하는 형식으로 신선한 바람을 일으켰다. 하지만 질문하는 기자와의 언쟁 이후 중단되고 말았다. 윤대통령의 공식 기자회견은 지금까지 2회 정도이고, 특정 방송국과 생방송이 아닌 사전 녹화로 자신의 의견을 밝힌 적도 있다.

역대 대통령들은 민생을 주제로 지방을 순회하며 여러 차례 지역주민들과 대화하는 모습을 보여주기도 한다. TV로 생중계되는 경우도 있다. 하지만 국민들에게 주는 감동은 없다. 단상 가운데 대통령이 자리하고, 단하에 자리한 시민들 중 일부가 천편일률적인 질문을 하고, 대통령이나 배석한 장관들은 역시 '정답'에 가까운 뻔한 답변을 한다. 예전부터 수 없이 보아온 대통령이 참석한 '대화행사'다. 그러다 각본에 없는 질문이라도 하려 하면 입을 틀어막기까지 한다. 이런 장면을 보면서 어느 국민들이 대통령과 소통한다고 느끼며 친밀감을 가지겠는가. 또 많이 시도되고 있는 소통 방식이 시장방문이다. 시장상인들의 환호를 받으며 등장하여 '먹방'을 하고 과일이나 채소 같은 시장물건을 사면서 시장을 한 바퀴 돈 다음 사라진다. 민생의 현장에서 국민들과 직접 소통하는 대통령의 모습을 보여주려는 의도다. 하지만 사실 시장에서도 소통은 없다. 대통령이 시장에 왔었다는 것 외에 국민들에게 무엇을 설명하고 또 무엇을 듣는지 아무도 알 수 없다. 더구나 대통령의 시장방문은 너무 익숙해서 이를 보는 국민들은 식상하다. 아직도 이런 형식의 '소통'을 기획하고 있는 대통령실의 안목이 한심할 정도다.

최근 우리나라 대통령들은 직접 국민들에게 자신들의 생각을 설명하기 보다는 대통령실의 참모나 측근을 통해 간접적으로 의견을 표명하는 경우가 대부분이다. 아니면 주민들을 모아 놓고 정부정책을 설명하는 식의 이벤트성 홍보행사를 진행한다. 이것은 진정한 소통이 아니라 일방적인 의견의 전달일 뿐이다. 민주적 지도자가 아니라 과거 권위적 권력자의 모습에 더 가깝다. 국정의 최고 책임자로서, 그리고 국민통합의 책무를 지고 있는 국가지도자로서 대통령이 보다 적극적으로 소통에 나서야 할 것이다

맥베스의 비극

윤석열 대통령의 느닷없는 비상계엄 선포는 엄청난 혼란을 가져왔다. 이로 인해 대한민국이 치르고 있는 사회적 비용은 이루 헤아릴 수가 없다. 대통령은 '종북 반국가세력 척결과 자유 헌정질서 수호'를 내세우고 있지만 이에 동의하는 국민들은 많지 않다. 여전히 많은 사람들은 대통령이 왜 이렇게 이해할 수 없는 선택을 하였는지 의아해 하며 여러 가지 해석을 내 놓고 있다.

이와 관련하여 우선 근본적으로 인간은 합리적·이성적 존재가 아니라는 점을 인식할 필요가 있다. 이를 이론으로 정립한 것이 노벨경제학상을 받은 카너먼과 트버스키의 '전망이론'prospects theory이다. 사람들은 감정적이고 인지적 편견에 영향을 받으며 불완전한 정보에 의존하여 의사 결정을 내린다는 것이다. 예를 들면, 자기 신념이나 가치관과 일치하는 정보만을 선택적으로 받아들이고 그와 반대되는 정보는 무시하거나 과소평가하는 확증편향confirmation bias에 사로잡혀 잘못된 결정에 이른다는 것이다.

이보다 더 적나라하게 인간의 비이성적 본성을 드러내는 것은 셰익스피어의 작품들이다. 특히 영국의 더타임스가 한국의 계엄에 대한 해설기사에서 맥베스부인을 언급하면서, 그가 쓴 '맥베스'가 세간의 관심을 끌었다. 잘 알려진 대로 맥베스는 전장에서 승리하고 돌아오는 길에 세 마녀로부터 왕이 될 것이라는 예언을 듣는다. 긴가민가하고 주저하는 맥베스에게 맥베스부인은 왕을 제거할 것을 사주한다. 결국 맥베스는 왕을 살해하고 왕위에 오른다. 하지만 맥베스는 죄책감에 시달리며 괴로워하다 다른 영주와 왕의 아들의 반격을 받고 최후를 맞는다. 맥베스는 때를 기다리면 자연스럽게 왕이 될 수도 있었다. 많은 전쟁을 승리로 이끌고 부하와 귀족들로부터의 신임도 두터운 편이었다. 그럼에도 불구하고 마녀의 예언과 레이디 맥베스의 부추김에 빠져 선불리 칼을 뺐다가 비참한 최후를 맞게 된 것이다. 더타임즈는 이 과정에서 맥베스부인의 역할을 예로 들며 대통령의 계엄이 상당부분 대통령부인으로부터 초래된 것이라는 뉘앙스를 주고 있다. 하지만 결국은 이 모든 것이 인간에 내재한 비이성적 본성에서 비롯된 것이다.

사실 적지 않은 국민들이 민주당대표의 범죄행위에 대해 부정적인 생각을 가지고 있고, 이를 가리기 위해 야당이 자행한 국무위원 탄핵, 무리한 입법, 일방적인 예산삭감 등에 대해서 과도하다는 느낌을 가지고 있었다. 이런 상황을 국민들에게 차분히 설명하며 간곡히 지지를 호소했다면 시간은 대통령에게 그리 불리한 국면은 아니었을 지도 모른다. 더욱이 유력한 대통령 후보인 야당대표들 중 민주당 이재명대표는 1심에서 피선거권이 박탈되는 선고를 받았고, 조국 대표도 이미 영어囹圄의 몸이 되어 있는 상황이다. 그럼에도 불구하고 대통령은 계엄이라는 비상조치를 통해 국면을 일거에 뒤집으려는 무모한 시도를 하였다. 왕을 살해해서라도 빨리 왕위를 차지하려는 맥베스의 비이성적 조급함이 보인다.

더구나 이번 계엄선포와 관련된 핵심인사들 주변에는 무슨 법사, 보살과 같은 황당한 인물들이 포진하고 있다. 이들 중 일부는 대통령의 운세는 하늘이 내린 것이라느니, 내년에 대운을 맞이할 것이라느니 하는 주술적 예언들을 쏟아내고 있다. 마치 맥베스의 마음을 흔든 마녀들의 모습과 아주 유사하다. 혹시 대통령도 맥베스처럼 이런 사람들의 예언에 의존하여 계엄을 선포한 것이 아닌가 하는 생각까지 들 정도다.

계엄 이후의 혼란 상황에서 더 우려되는 것은 또 다른 맥베스가 등장하고 있다는 것이다. 민주당은 차분히 헌법과 법률이 정한 민주적 절차를 따르지 않고 이 기회를 틈타 권력을 쟁취하기 위해 맥베스에 못지않은 욕망과 조급함을 드러내고 있다. 대한민국의 미래가 어떻게 되든 상관없이 대권을 위해서는 국정마비도 불사할 태세다. 대통령 탄핵이야 그렇다 쳐도 자신들의 의도에 따르지 않는다는 이유로 대행을 맡고 있는 국무총리까지 탄핵한 것은 지나치다. 시민들을 거리로 뛰쳐나오도록 독려하고 자극하여 분열을 일삼는 행위도 자제되어야 한다. 광장보다는 국회와 법정에서 토론과 판결을 통해 민주적이고 이성적으로 문제를 풀어 나가야 한다. 이제 더 이상 맥베스의 비극은 보고 싶지 않다.

머스크 장관

미국 대통령 선거에서 트럼프가 당선된 이후 가장 주목을 받고 있는 인물을 꼽자면 단연 일론 머스크Elon Musk가 될 것이다. 이미 글로벌 스타 기업인이었지만 이제 미국 정부를 주무르는 정치인이자 행정가로 변신하고 있다. 트럼프는 당선 이후 속속 장관들을 임명하고 있는데, 미국에서도 논란이 될 정도로 파격적인 인물들이 등장하고 있다. 이 중에서도 단연 머스크가 눈에 띈다.

머스크는 정부효율부DOGE, Department of Government Efficiency 장관으로 추후 미국의 행정개혁을 담당할 예정이다. 트럼프가 기업운영의 효율성을 전통적 관료제의 개혁목표로 삼은 것이다. 미국의 전기자동차 산업을 이끌고, 화성과 달 탐사를 위해 우주선을 발사하는 등 혁신과 창조적 사고의 상징인 머스크가 앞으로 미국 행정부를 어떻게 변화시킬지 궁금하다. 머스크는 호불호가 갈리는 논쟁적 인물이지만 일단 미국 정부에 혁신의 신호를 주고 시민들의 관심을 집중시키는 데는 성공한 것으로 보인다.

우리는 어떤가. 최근 참신한 사람이 장관으로 등장하여 화제가 된 적이 있는지 기억이 가물가물하다. 반대로 '뭐 이런 사람을 장관으로 한다고?' 의문을 제기하는 경우는 꽤 있었던 것 같다. 더 나아가 장관이 정책을 주도적으로 결정하거나 집행에서 선도적인 역할을 하는 것도 보기 힘들다. 청와대나 용산에서 결정하면 그대로 따르고 문제가 생기면 뒤치다꺼리나 하는 신세로 전락한지 오래된 것 같다. 장관의 존재감이 너무 희박하고 역할이 없으니 국민들 중에 장관 이름을 기억하는 사람도 거의 없다.

이런 현상의 가장 큰 책임은 인사권자이자 최고 정책결정권자인 대통령에게 있다. 대통령이나 그 주변에서 모든 것을 결정하고 장관에게는 권한과 재량을 주지 않기 때문이다. 또 장관이나 참모를 자기 주변의 좁은 인력풀에서만 찾으니 참신하고 혁신적인 인물을 구하기가 어렵다. 그것도 주로 관료나 학계 출신을 고른다. 나름 자기분야에서는 전문성을 갖추고 있으나, 비교적 안정적인 직업배경 때문에 과감하고 창의적인 접근이 어려운 한계가 있다.

역설적이게도 우리는 대통령과 장관 간의 관계가 민주화 이전보다 훨씬 더 뒷걸음 치고 있다. 서슬이 시퍼렇던 과거 권위주의 정권 시절에도 대통령과 맞서는 장관이 있었고, 대통령도 장관의 이야기에 귀를 기울이는 경우도 많았다. 하지만 오히려 민주화 이후 대통령은 더욱더 권위적이 되고 장관들은 대통령에게 직언을 못하는 일개 참모로 전락하였다. 대통령은 격노하고 장관은 쩔쩔맨다. 사회는 민주화되고 분화되었지만, 대통령과 장관 간의 관계는 독재정권 시절보다 못하다.

그래서 우리도 좀 더 파격적인 장관이 등장했으면 좋겠다. 지금처럼 '6~70대, 남자, 관료나 교수출신' 말고, 일단 나이도 좀 젊고 출신배경도 다양한 인물들이 포진하여 활력 있고 창의적인 정부가 되었으면 한다. 당연히 머스크와 같은 기업이 출신도 포함되어야 한다. 그리고 이들에게 대폭 권한을 주고 책임 있게 일할 수 있도록 해야 할 것이다. 마침 내각과 용산에 대폭적인 인적 개편이 이어질 것이라고 한다. 이번 인사는 여러 면에서 중요하다. 지지율이 바닥인 윤석렬 정부가 국민들의 지지를 다시 회복해야 하는 정치적인 의미도 있지만, 현실적으로 험난한 국내외적 상황을 극복해 나가기 위해서도 정말 유능하고 참신한 인재들을 발굴하지 않으면 안 된다. 물론 인재 등용에는 여러 장애물들이 있다. 청문회를 거쳐야 하고, 기업인의 경우 주식을 백지신탁해야 하므로 정작 필요한 인물들이 등판을 꺼릴 수 있다. 하지만 이를 이유로 또 다시 청문회 통과용이나 자기 입지만을 노리는 정치인, 또는 말 잘 듣는 측근 그룹 중에서 돌려막기 식으로 발탁한다면, 결단코 이 정부의 미래는 없다.

머스크는 벌써부터 공동대통령 소리를 들으며 이런저런 견제도 받고 불협음도 내고 있다. 우리 같으면 '불경죄'로 몰려서 벌써 대통령의 외면을 받았을지도 모른다. 하지만 트럼프는 이런 분위기를 즐기는 것 같다. 우리에게도 이런 파격이 필요한 시점이다. 더 이상 안정적인 국정관리라는 한가한 소리 그만하고 역동적이고 참신한 인재를 널리 구하기 바란다. 답답한 요즘의 상황을 탈피하기 위해서는 우리도 '머스크'를 찾아야 한다.

워싱턴의 흑인박물관

요즘 워싱턴의 스미소니언 박물관 중 가장 인기 있는 곳은 흑인 박물관이다. 예약 없이는 입장이 어려울 정도로 사람들이 몰리고 있다. 정식 명칭은 국립 흑인 역사문화 박물관National Museum of African American History and Culture이다. 아프리카 원주민의 왕관을 연상시키는 3단 메탈 코로나의 산뜻한 외관부터 다른 박물관과 확연히 차이가 난다. 최근 이 곳을 방문할 기회가 있었다.

관람은 지하 3층에서부터 시작한다. 어두운 지하로 내려가면 1400년대부터 시작된 흑인노예의 암흑의 역사가 시작된다. 노예선에 실린 채 아프리카에서 강제 이주된 흑인들의 짐승 같은 삶을 매우 현실적으로 보여 준다. 그리고 남북 전쟁 후 노예 해방, 그러나 여전한 인종차별과 억압, 이에 대한 흑인들의 저항, 마침내 법적·제도적으로 동등한 국민의 자격을 획득하는 과정을 담담하게 소개하고 있다. 전시를 따라 가다 보면 어두운 지하에서 밝은 지상으로 올라온다. 여기부터는 과거를 딛고 미국 사회의 당당한 일원으로 활동하는 흑인들의 현재와 미래 모습이 등장한다. 스포츠, 음악, 국방, 교육 등 다양한 분야에서 흑인들이 미국 사회의 변화와 발전에 어떻게 기여했는가를 충실하게 설명하고 있다.

'흑인들이 과거에 엄청난 착취와 억압 속에서 고생했지만, 미국이라는 국가의 성립과 발전에 크게 기여했고 앞으로도 그럴 것이다. 모두 자부심을 갖자.' 이것이 박물관이 던지는 메시지인 것 같다. 미국 역사의 큰 치부의 하나인 흑인 역사를 이렇게 멋있고 담담하게 그려낼 수 있다는 것이 놀랍다. 인종 갈등은 여전히 미국사회의 미해결 과제이지만, 이 박물관은 국민의 통합을 위해 국가가 어떻게 해야 하는가를 잘 말해주고 있다.

어떤 나라든 역사에는 자랑할 만한 것이 있고 또 덮어두고 싶은 것도 있다. 우리도 마찬가지이다. 일제 강점기를 거치고 6·25를 거치면서 여러 아픔과 갈등, 반목이 있었고, 암울한 독재시기도 있었다. 이런 과정을 거쳐 결국 우리나라는 민주화를 이뤄냈고, 경제적으로도 큰 성과를 거두었다. 흑인박물관처럼 과거는 지하에 묻어두고 역사적 사실로 담담하게 기억할 수는 없는가. 민주화 세력도 산업화 세력도 각자 위치에서 나름대로 대한민국의 변화와 발전에 기여했음을 서로 인정하고, 이를 바탕으로 미래를 어떻게 열어갈 것인지를 논의하는 것이 역사에 대한 올바른 접근이 아닐까.

그런데 우리는 정권이 바뀔 때마다 역사를 새로 쓰려고 한다. 과거 역사를 정파적 시각으로 파헤쳐서 정치적 목적으로 활용하려고 한다. 정권의 입맛대로 교과서 내용을 수정하고 박물관의 테마를 변경한다. 이로 인해 국민 통합의 모티브가 되어야 할 역사가 오히려 국민을 분열시키고 갈등을 조장하는데 악용되고 있다. 더구나 이런 상황을 국민통합의 책임을 진 이른바 국가지도자라는 사람들이 선도하고 있다. 최근에는 일본과의 무역 갈등을 계기로 역사를 매개로 한 분열은 더욱 더 악화되고 있다. 외부의 적을 앞에 두고 단합해야 할 시기에 내부에서 역사를 들먹이며 서로 총질을 하고 있다. 이것은 결코 바람직한 현상이 아니다.

역사에는 온갖 상황이 다 포함되어 있어서 자신들에게 유리한 것을 집어내어 상대를 공격하면, 이에 역공할 수 있는 소재가 또 있게 마련이다. 이순신을 내세우면 선조宣祖를 들먹이는 식이다. 이래서 역사를 매개로 한 논쟁은 끝이 없다. 이제 더 이상 역사를 들먹이며 국민들을 분열시키는 언행은 중단되어야 한다. 오히려 역사를 통해 국민들을 단단히 통합시키고 자부심을 가질 수 있도록 만들어 주어야 할 것이다.

흑인박물관 개관 연설에서 오바마 대통령은 "우리가 할 일은 역사를 활용해 미래에 훨씬 더 많은 진보를 이룩하는 것"이라고 강조하였으며, 부인 미셸 여사는 부시 전대통령과 포옹하며 인종 간 화해의 상징적인 장면을 연출하였다. 비록 기억하고 싶지 않은 역사라 할지라도 이를 미래지향적인 국민통합의 계기로 만들어 가는 것이 진정한 국가 지도자의 모습일 것이다.

총리의 화장실 청소

'유쾌한 잔치, 즐거운 놀이'라는 뜻을 가진 잼버리jamboree가 불쾌하고 짜증나는 행사로 전락하고 말았다. 정부는 막판에 K팝 공연을 통해 가까스로 분위기를 전환시킨 것을 강조하고 싶겠지만, 우리 국민들과 세계의 평가는 분명하다. 대 실패가 틀림없다. 잼버리 행사장의 변기를 손수 닦는 총리의 모습을 담은 사진 한 장이 모든 것을 대변하고도 남는다.

총리는 왜 자기 스스로 화장실을 청소하지 않으면 안 되었을까. 솔선수범일까, 아니면 보여주기식 행위일까. 아마도 실제로 현장에서 적극적으로 움직이는 직원들이 거의 없었기 때문일 것이다. 과거 같으면 대통령이 지시를 내리고 총리가 현장에 뜨면 아래 직원들이 한 술 더 떠서 적극적으로 나서는 것이 일반적이겠지만 지금은 이런 시대가 아니다. 한 마디로 계서적 권위hierarchical authority는 더 이상 통하지 않는다는 것을 상징적으로 보여주는 장면이라고 생각된다. 상관이 명령과 지시를 내린다고 해서 군소리 없이 이에 따르는 '고전적' 관료는 이제 없다고 보아야 한다. 중앙과 지방정부 간의 관계도 마찬가지이다. 중앙정부가 결정했다고 해서 지방정부가 그대로 따른다는 보장이 없다.

우리의 경우 그동안 상관이 지시한 것을 그대로 따르다가 법적 책임을 지고 감옥에 가거나 공직을 떠나는 경우가 흔히 나타났다. 게다가 박봉에 따른 상대적 박탈감, 정치의 과도한 간섭과 책임회피는 행정관료의 사기를 꺾어 놓았다. 이에 관료들은 스스로의 방어기제를 마련하지 않을 수 없다. 누구의 지시인지 기록을 남기거나, 자신의 역량을 선택적으로 발휘한다. 혹자는 현장관료들의 사명감과 책임의식을 강조한다. 국제행사이니 만큼 열의를 가지고 마치 자기 일처럼 문제해결에 나서야 한다고 생각할 수도 있다. 하지만 관료도 사람이다. 자기희생을 각오하고 먼저 나선다는 것이 그리 쉽지는 않다.

그러면 어떻게 해야 할 것인가? 이제는 구체적이고 합리적인 지침이나 매뉴얼을 만들고 이에 의거해서 움직이도록 하는 방법밖에는 없다. 미국, 유럽 등 행정의 역사가 오래된 나라들의 경우 불필요하게 보일 정도로 자세하고 정교한 지침들이 마련되어 있다. 그리고 이에 의거 수행되는 행정행위가 지속적으로 기록되고 보관된다. 문제가 발생할 경우 책임 소재를 분명하게 규명하는 것이 가능하다. 상관의 구두명령이나 권위적 언사에 의해 업무가 수행되는 것이 아니라 정교한 규정과 지침에 의거해서 행해지고 책임도 이를 토대로 물어야 한다는 것이다. 서구의 여러 나라들이 왜 그렇게 자세하고 분명한 지침과 룰을 만들어 놓고 있는지를 제대로 이해할 필요가 있다.

그리고 이태원 참사의 경우에서도 보았지만, 사회적 재난이나 정책실패가 발생하면 대개 현장대응의 잘못으로 규정하고 일선관료 위주로 책임을 묻고 처벌하려는 경향을 보인다. 하지만 실패의 원인을 제대로 규명하고 책임을 묻기 위해서는 정책의 실패와 정책집행의 실패를 구분하여 접근해야 한다.

이번 잼버리의 주요 실패요인인 부적절한 캠핑장의 선정, 구심점 없는 조직위원회의 구성 등은 모두 정책결정 사항이었다. 또 '새만금 잼버리지원법'에 따라 조직이 구성되고 예산이나 인력의 지원이 이뤄졌다. 따라서 법안의 내용이 적절했는지를 포함하여, 잼버리를 위한 정책결정이 과연 합리적인 것이었는지를 따져봐야 한다. 만일 정책 자체에 문제가 있었다면 이것은 정책의 실패이며, 이에 대해서는 이를 결정한 주체들이 책임을 져야할 것이다. 만일 정책의 집행과정에서 부정이나 부당한 측면이 있었다면 이는 정책집행의 실패이므로 당연히 집행담당자들의 책임이다. 이런 구분 없이 국회를 비롯한 정책결정자들이 자신들은 마치 아무런 잘못이 없는 것처럼 행동하며 일방적으로 집행자들에게만 책임을 묻는 것은 적절하지 않다.

총리의 화장실 청소는 정부의 역량과 수준을 단적으로 보여주는 해프닝이다. 이번에도 실패를 교훈으로 삼지 못하고 후안무치한 책임전가 논쟁만 되풀이 한다면, 앞으로도 이런 모습을 자주 보게 될 것이다.

* 새만금 잼버리의 대실패 이후, 책임소재를 둘러싸고 여성가족부, 전라북도 등 중앙정부와 지방정부 그리고 스카우트연맹 등 관련단체들 간에 논쟁이 발생하였다. 핵심은 자기들 책임은 없거나 아니면 부분적이었다는 것이다. 자기들 외에 다른 주체들의 잘못으로 이런 사태가 벌어졌다고 주장하는 것이다. 정책실패가 나타났을 때 흔히 보아왔던 모습이다. 그 결과 잼버리 실패의 원인을 분석하고 추후 교훈을 얻을 수 있는 생산적인 논의는 제대로 이뤄지지 못하고 흐지부지 끝나고 말았다. 소를 잃고도 외양간을 제대로 고치지 못하는 악습이 이번에도 여지없이 되풀이 되었다.

결국 일선관료 책임인가

이태원 참사 이후 진상규명과 책임소재를 둘러싸고 논란이 벌어지고 있다. 늘 그랬듯이 국회에서는 정치적 쟁점으로 다뤄지고 있고, 행정부에서는 면피성 발언들이 이어지고 있다. 어느 나라나 재난은 발생할 수 있고, 이에 대한 정치적인 논쟁은 불가피한 측면이 있다. 하지만 논쟁에만 그치지 않는 것이 선진국의 모습일 것이다. 재난을 계기로 재발방지를 위한 제도적 정비와 인적·물적 자원의 재분배, 그리고 재난으로 초래된 사회적 갈등의 수습 등이 진행되는 것이 재난 이후의 정상적인 절차이다.

물론 이를 위해서는 재난 발생 원인을 추적하여 책임 소재를 분명히 하는 것이 전제되어야 한다. 원인을 정확히 알아야 개선책이 나올 수 있기 때문이다. 그런데 사건 이후 진행되고 있는 것을 보면 주로 현장 대응활동을 잘못하여 참사가 발생한 것으로 간주하고, 경찰, 소방 등 일선관료들에게 책임을 묻는 방향으로 전개되고 있다. 하지만 이번 참사의 원인이 현장대응의 부실에만 있는 것은 아닐 것이다. 시민들의 안전의식 부족, 안전을 위한 제도와 지침의 미비, 자원의 부족 등도 참사 원인 중의 하나이다. 그렇다면 현장대응의 실패 못지않게 그러한 제도와 지침 및 자원의 미비를 방치한 주체에 대해서도 책임을 물어야 한다.

이를 '정책의 실패'와 '정책집행의 실패'로 구분하여 접근할 수 있다. 정책은 훌륭하게 마련되어 있는데 이를 제대로 집행하지 못했다면 이는 분명 일선관료들의 책임이다. 하지만 정책 자체가 부실한 경우에 집행자들에게만 책임을 묻는 것은 부당하다. 이때는 제대로 된 정책을 만들어 내지 못한 정책결정자도 책임을 지는 것이 당연하다. 따라서 이태원 참사의 경우 부실하게 대응한 일선관료가 있다면 당연히 그에 상응하는 책임을 져야 하지만, 이와 동시에 충실한 안전정책을 사전에 마련하지 못한 정책결정자들도 상당한 책임이 있다.

'세월호'와 같은 대참사를 겪었지만 우리의 국회나 대통령들이 국민 안전문제에 대해 지속적인 관심을 가지고 제도적 · 법적 개혁을 시도한 경우가 있었는가. 정쟁의 대상이 되어 수년간 진상조사에만 국력을 소비한 결과 아무런 교훈도 얻지 못한 채, 시민들의 안전의식이나 정부의 안전정책은 큰 변화 없이 제자리 수준에 머물고 말았다. 이번 참사에서 정책결정자들도 책임에서 자유로울 수 없는 이유이다. 그럼에도 불구하고 대통령과 국회의원을 비롯한 정책결정자들은 일선관료의 부실한 대응만을 질타하고 있다. 정작 같이 책임을 져야 할, 아니면 오히려 책임이 더 큰 사람들이 마치 자기들은 아무런 잘못이 없는 것처럼 행동하고 있다.

참사의 책임을 일선관료에게만 묻게 되면 결국 대책도 집행절차의 개선과 같은 현장대응 중심으로 논의되고, 안전제도나 인적·물적 자원과 같은 정책 자체의 개혁에 대한 관심은 소홀해 질 수밖에 없다. 근본적인 변화가 없으니 참사는 또 되풀이 될 것이고, 그 때마다 적당한 희생양을 찾아 벌을 주는 방식으로는 우리사회의 안전이 보장될 수 없다. 이번 참사를 계기로 제대로 된 안전대책을 마련하기 위해서라도 일선관료에게만 책임의 화살을 돌려서는 안 된다.

무관심하고 무능한 정책결정자들에게도 엄중한 책임을 물어야 한다. 이 엄청난 참사에 법적 책임을 따지며, 규정을 준수하지 않은 현장 대응 일선관료들에게만 책임을 묻고 정책결정자는 아무도 책임을 지지 않는 것은 있을 수 없는 일이다. 이것은 법적 책임과 정치적 책임을 구분하지 못하는 매우 부적절한 접근이다. 최소한 주무장관을 비롯한 주요 정책결정 그룹은 반드시 정치적 책임을 져야한다. 국회도 마찬가지다. 안전 관련 법률과 예산 등을 최종적으로 결정하는 정책결정기구로서 그동안 안전문제를 소홀히 해 온 정치적 책임을 져야 한다. 국회, 특히 야당도 공동 책임의식을 갖고 자중하면서 차분하게 근본적인 대책을 수립하고, 참사로 인한 사회적 갈등을 수습하는 데에 초점을 두어야 할 것이다.

정부와 국회는 '세월호'와 '이태원'을 반면교사 삼아, 앞으로는 우리 젊은이들이 어이없게 희생되는 일이 없도록 제대로 된 안전대책을 수립할 것을 촉구한다.

관료들은 '부하'가 아니다

요즘 관료들의 처지가 말이 아니다. 열심히 정책을 만들어도 정치적 이유로 뒤집히기 일쑤이고, 이전 정권에서 특정 정책을 담당했다는 이유로 불이익을 받기도 한다. 경제정책을 총괄하는 부총리는 정치권력의 요구에 번번이 소신을 접고 있으며, 사표제출과 번복이라는 소심한 저항만을 되풀이 하고 있다. 전 정부에서 국정교과서를 담당했던 관료들은 이미 한직으로 물러났으며, 감사원 감사에서 밝혀진 원전 조기폐쇄 작업에 가담한 관료들은 장래에 어떤 불이익을 받을지 모르는 상황이 되었다.

관료사회가 정치권력의 과도한 개입과 통제로 흔들리고 있다. 이로 인해 관료들의 사기가 저하되고 스스로 역할을 자제·축소하려는 경향이 나타나고 있다. 물론 정책결정 권한을 가지고 있는 정치권력은 자신들의 의도를 실현시키기 위해 관료집단에 영향력을 행사할 수 있다. 정치권력의 이념적 지향을 반영한 정책을 실현시키기 위해서는 관료들의 동조와 협력이 필수적인 만큼 인사권, 법적 지휘권 등을 동원하여 관료집단을 이끌고 나가는 것은 당연하다 할 수 있다. 또한 관료들은 조직의 특성상 타성에 젖어 새로운 변화에 저항하고 기존 질서를 그대로 유지하려는 성향이 있으므로, 정치권력에 의한 적절한 통제는 반드시 필요한 것이 사실이다.

그런데 요즘 이른바 '민주적 통제'를 명분으로 관료사회에 가해지고 있는 정치권력의 압력은 지나친 감이 있다. 원래 민주적 통제는 국민들의 선거로 선출된 의회가 행정부의 폐쇄적인 관료집단을 감시 · 감독하는 것을 일컫는 개념이다. 국민들에게 책임을 지지 않는 관료들을 국민들의 대표인 의회가 견제하고 감시하는 것이다. 이것은 행정국가화 이후 단순한 집행업무에 그치지 않고 실질적인 정책결정 권한을 행사하고 있는 관료들로 하여금 국민들의 의견과 요구에 부응하는 정책활동을 하도록 의회가 영향력을 행사하는 것을 의미한다.

따라서 집권당이나 장관들이 관료들을 '부하'로 생각하고 윽박지르거나, 이미 작정해 놓은 대로 정책을 만들어 내라고 압력을 가하는 것은 진정한 민주적 통제와는 거리가 멀다. 주지하다시피 관료집단은 경험과 지식을 바탕으로 정책에 관한 최고의 전문성을 가진 집단이다. 복잡한 현대사회의 문제를 해결하기 위해서는 이들의 전문성을 활용하는 것이 필수적이다. 그럼에도 불구하고 민주적 통제라는 이유로 이들의 제안을 무시하고 정치권력의 들러리로 세우거나 정파적 결정을 합리화하는 수단으로 이용하는 것은 엄청난 사회적 비용을 초래할 수 있다. 더 큰 문제는 관료집단의 사기 저하와 무관심을 촉발하는 것이다. 정치권력에 의해 이미 정책

방향과 내용이 정해져서 관료들의 아이디어가 수용될 여지가 없는 경우 관료들은 능동적인 정책활동을 할 이유가 없어진다. 지시하는 일만 조용히 기계적으로 처리할 뿐이다. 어느 경우든지 국민들의 입장에서는 결코 바람직하지 않다.

정치권력은 관료들에게 자존감을 심어 주고 국가와 민족을 위해 일할 수 있는 여건을 마련해 주어야 한다. 말도 안 되는 민주적 통제를 이유로 충성과 복종의 의무만 지울 것이 아니라, 정권의 중요한 파트너로서의 지위를 인정하고 협력을 유도해야 한다. 관료들은 정치권력의 '부하'가 아니다. 굳이 따지자면 관료들은 공복公僕, 즉 국민의 부하이다. 우리 헌법7조에도 '공무원은 국민전체의 봉사자이며 정치적 중립성을 보장한다'고 규정되어 있다. 민주적 통제는 분명 필요하지만 그것은 국민의 의사를 반영하는 것이어야 하며, 정치권력에 대한 무조건적 복종을 강요하는 것을 민주적 통제로 착각해서는 안 될 것이다.

물론 관료집단도 더욱 분발해야 한다. 공복으로서의 소명의식과 사명감을 가지고 국민들을 위해 봉사하고 이 과정에서 보람을 느낄 수 있어야 한다. 이를 위해서는 무엇보다 정치권력이 관료집단을 통제의 대상으로 볼 것이 아니라 정책활동의 파트너로서 서로 존중하는 리더십을 발휘하는 것이 우선되어야 할 것이다.

공복公僕은 심부름꾼이 아니다

우리나라 공무원들의 서비스는 가히 세계적이 수준이다. 잠시라도 해외에서 거주한 경험이 있는 사람들은 우리나라 행정 서비스가 최고라는 사실을 금방 알게 된다. 외국의 행정기관이 제공하는, 느린 것은 물론이고 친절하지도 않은 서비스를 경험하게 되면 한국이 더욱 그리워질 정도이다. 그런데 정작 우리나라에서는 행정 민원이 빗발치고 있다. 왜 그럴까.

물론 한국의 행정서비스가 처음부터 높은 수준이었던 것은 아니다. 80년대까지만 해도 관존민비官尊民卑적 사고가 잔존했고, 고압적 태도를 보이는 갑질 공무원들을 심심치 않게 볼 수 있었다. 상황이 변한 것은 80년대 말 비민주적 정권이 퇴진하고, 90년대 들어 지방자치가 본격화되면서부터라고 할 수 있다. 특히 주민직선에 의해 자치단체장이 선출되면서 주민들의 표를 얻기 위한 경쟁이 가열되었고, 주민들의 요구에 대한 대응성responsiveness이 강화되었다. 또한 우리나라 행정에 신자유주의적인 이데올로기가 도입되면서, 행정에도 고객client 개념이 등장하였다. 마치 기업들이 고객인 소비자들의 만족을 중시하듯이 행정도 주민들을 고객으로 보는 관점이 자리 잡게 되었다.

이러한 변화는 행정의 민주화와 함께 공공서비스의 양적 확대와 질적 개선으로 이어졌다. 주민들의 행정참여가 획기적으로 증가하였고, 주민들의 요구는 즉시 행정에 반영되었다. 이러한 경험이 축적되면서 주민들과 자치단체장들에게 일종의 학습효과를 가져왔다. 주민들은 문제가 생기면 주저없이 행정기관에 해결을 요구한다. 단체장은 주민들이 요구하기도 전에 더 제공할 서비스가 없을까 하고 찾아 나선다. 주민들의 주장을 행정에 반영할 수 있는 통로가 열리고, 행정기관이 적극적으로 서비스를 발굴하여 주민들에게 제공하는 것은 바람직한 자치행정의 모습임이 분명하다.

하지만 이런 변화는 또 다른 문제를 야기했다. 권위적 행정은 사라졌지만, 그 대신에 '고객은 왕이다'라는 개념이 등장했다. 행정에 대한 요구와 대응이 당연시 되었다. '공무원은 공복이다. 우리의 심부름꾼이다. 따라서 우리가 원하면 무엇이든지 들어주어야 한다'는 식의 사고가 팽배해졌다. 선거를 치러야 하는 단체장은 주민들의 요구를 적절히 조절하지 못하고 오히려 확대·조장해 왔다. '생활민원 서비스'라는 이름으로 수도꼭지 교체, 못 박기까지 제공하는 지역도 있을 정도다. 심지어 아파트에 이삿짐트럭의 진입이 어려울 때도 구청에 민원을 제기하는 경우도 비일비재 하다고 한다. 행정서비스의 범위가 지나치게 확대되었다. 조금만 만족스럽지 못해도 격렬한 불만을 표출한다. 결국 급증하는 주민들의 요구와 이를 조장하는 단체장 사이에서 공무원들만 죽을 맛이다.

최근 악성민원을 해소하기 위해 중앙정부를 비롯한 여러 기관에서 대책을 마련하고 있다. 여기에서 간과하고 있는 것 중의 하나가 바로 행정서비스의 범위에 관한 것이다. 사인私人간의 협의나 계약을 통해 해결되어야 할 문제들이 행정기관의 공적인 업무가 되어버리는 경우가 너무 많다. 주민들의 요구를 거의 무차별적으로 받아들이면서 야기된 행정서비스의 지나친 확대에 제동을 걸 필요가 있다. 과연 행정이 제공해야 하는, 또는 제공할 수 있는 서비스는 어느 정도까지인가에 대해서 체계적인 검토가 필요한 시점이다.

이를 위해서는 자치단체장들이 적극적으로 나설 필요가 있다. 상명하복이 뚜렷한 공직사회에서 공무원들 스스로 자신들이 수행하는 행정의 업무범위를 제한하기는 쉽지 않다. 그래서 이 문제는 단체장이 톱다운 방식으로 결단을 내릴 필요가 있다. 주민들의 요구라면 무엇이든 들어 주어야 한다는 사고는 자제되어야 한다. 공무원들을 불필요한 민원에서 해방시키기 위해 가장 먼저 고려해야 할 사항은, 그동안 관행적으로 또는 단체장의 묵인이나 지시로 행해지던 '과도한' 민원서비스들에 대한 재점검이다.

공복, 즉 공무원은 행정을 수행하는 전문가이다. 단순한 심부름꾼이나 노예가 아니다. 이들은 전구를 갈아주거나 이사를 도와주는 사람들이 아니다. 공무원들을 공익을 위해 봉사하는 전문직업인으로 인식하는 문화가 절실하다.

유토피아는 없다

우여곡절 끝에 아슬아슬한 표 차이로 정권이 교체되었다. 20대 대통령으로 윤석열 후보가 당선되었다. 국민들의 절반 정도는 안도의 숨을 내쉬고, 또 다른 절반은 한숨을 쉬며 탄식하고 있다. 안도하는 국민들은 '새로운 대한민국'이 곧 등장할 것이라는 환상을 가져서도 안 되고, 한탄하는 국민들도 머지않아 나라가 망할지도 모른다는 착각에 빠질 필요가 없다. 새로운 정권이 등장해도 대부분의 시민들의 일상적인 삶은 크게 달라지지 않을 것이다. 정권교체기에 민감한 정치인이나 권력지향적인 일부 사람들을 제외하면, 일반시민들은 예전과 별다른 차이 없이 하루하루를 지내게 될 것이다.

선거를 통한 국민들의 선택에 따라 주기적으로 정권이 변경되는 것은 민주주의의 기본원리이다. 선거는, 기존 정권을 평가 또는 심판하고 또 미래에 필요한 정부를 선택하는 두 가지 의미를 동시에 가지고 있다. 그런데 선거결과는 항상 기존 정권에 대한 평가와 심판은 분명히 드러내지만 미래의 유토피아를 보장하지는 못한다.

선택된 정부가 5년 동안 국민들의 기대에 부응할 수 있을지는 미지수이기 때문이다.

특히 이번 대통령 선거는 흑색선전과 상호비방이 난무하는 역대 최악의 선거로 평가되었다. 각 후보들이 많은 공약을 제시했지만, 아마 공약을 보고 표를 던진 유권자들은 그리 많지 않았을 것이다. 하지만 선거에서 승리한 정당이 제시한 공약들은 앞으로 5년 동안 정부의 공식적 정책으로 채택될 가능성이 높다. 그런데 이번 선거 결과가 역대급 초박빙이었기 때문에, 집권세력이 공약을 정책으로 채택하는 경우, 반대표를 던졌던 유권자들은 그리 흔쾌히 동의하지 않을 가능성이 크다. 더구나 새로운 집권세력의 공약과 정책이, 바람직하고desirable 실현가능한가feasible에 대해서는 우리 사회에서 많은 논란이 있는 것이 사실이다. 예컨대 '여성가족부 폐지'에 대해 남녀 간에 의견이 다르고, 부동산 정책도 집 소유자와 미소유자 간의 이해관계가 다른 것으로 나타났다. 그럼에도 불구하고 집권세력이 공약을 근거로 정책을 밀어붙인다면, 이번 선거에서 심판받은 기존 정부의 오류를 그대로 반복하는 것이 될 것이다.

만일 새 정부의 공약이 우리의 미래 유토피아를 완전히 보장해주는 것이라면 '공약의 정책화'를 아무도 반대하지 않을 것이다. 그러나 모두가 동의하는 절대적인 유토피아는 존재하지 않는다. 영국의 토마스 모어Thomas More, 1478~1535는 전쟁과 영토 확장에 골몰하는 국왕과 국민에 봉사하지 않는 공직자들을 비판하며 이상적인 국가, 유토피아를 제시하였다. 지금으로 치면 '공동생산, 공동분배' 사회와 유사하다. 물론 모어 스스로도 이런 국가가 존재할

지에 대해서는 의문을 제기하고 있다. 사실 유토피아utopia라는 단어 자체가 원래 그리스어에서 '아니다, 없다'를 뜻하는 '우'와 '장소'를 뜻하는 '토포스'가 합쳐진 단어로 '존재하지 않는 장소'를 의미한다. 이상적인 국가는 존재하지 않는다는 것을 비유적으로 표현한 것이다.

하물며 새 정권의 공약들이 아무리 훌륭하다고 하더라도 국민 모두가 동의하는 이상적인 정책이 될 수는 없을 것이다. 더구나 선거에서 승리하기 위해 심각한 고려 없이 마구 쏟아낸 공약들도 적지 않고, 승부도 초박빙이었던 만큼, 자기 공약이 절대적으로 유토피아를 보장할 것이라는 환상을 버려야 할 것이다. 유토피아는 어딘가에 존재하는 이상적인 국가를 찾아내는 것이 아니라, 국민들과 함께 만들어 나가는 것이라고 생각하는 것이 옳은 자세일 것이다.

결국 유토피아는 다수 국민들이 동의하고 지지하는 정책을 통해 만들어 지는 것이다. 따라서 역대 선거 중 '가장 많은 국민들의 반대' 속에서 등장한 윤석열 정부는 무엇보다 사회의 다양한 요구와 의견들을 수렴하는 소통과 설득활동에 적극적으로 나서야 한다. 특히 법률개정, 예산조정 등 중요한 정책변화를 도모하기 위해서는 국회의 동의가 필수적인 만큼 절대 다수 의석을 점유하고 있는 민주당과의 협력을 강화해야 할 것이다. 이를 통해 지지한 국민과 반대한 국민 모두가 공유할 수 있는 공통의 영역을 찾아가는 것이 바로 유토피아로 가는 길이 될 것이다.

선거와 공무원

지난 지방선거에서 울산시장 선거에 부당하게 개입한 혐의로 여러 사람이 기소되었다. 유무죄 여부는 앞으로 사법부에서 가려질 것이다. 언론에서는 청와대, 경찰 등 권력기관과 후보 당사자를 비롯한 선거캠프의 불법행위를 주로 다루고 있지만, 나에게는 울산시 공무원들이 선거법 위반으로 기소된 사실이 더 눈에 띄었다. 공무원을 동원하여 관권선거를 치르던 6~70년대도 아니고, 보통의 일반직 공무원들이 공직선거 사범으로 기소되는 경우는 요즘 그렇게 흔치 않은 일이다. 이를 계기로 새삼 선거와 공무원의 관계를 생각해 본다.

우리나라 공무원들에게는 헌법 규정에 따라 신분과 정치적 중립이 보장되어 있다. 또한 공무원법, 공직선거법 등에서도 공무원의 정치개입 행위를 엄격히 금지하고 있다. 이는 공무원은 특정 정파가 아니라 국민 전체에 대한 봉사자public servant로서 어느 정당이 집권하든 국민들에게 공평하게 봉사해야 하는 것을 의미한다.

하지만 선거에서의 승리가 목표인 정파나 후보들은 선거과정에서 공무원을 활용하려는 유혹에 빠지게 된다. 물론 과거처럼 대놓고 특정 정당이나 후보를 지지하는 노골적인 선거운동에 공무원을 동원하는 것은 이제 불가능할 뿐만 아니라 오히려 역풍이 불 수도 있다. 그래서 은밀하면서도 효과적인 다른 방법을 찾으려 한다. 공무원들이 가지고 있는 정보를 활용하는 것이다. 공무원들은 다년간의 공직 경험을 통해 선거에 매우 유용한 정책정보를 보유하고 있다. 특정 지역의 현안, 실현가능한 해결방안, 소요되는 정책비용은 물론이고 시민들의 기대와 선호에 대해서도 누구보다 확실한 정보를 가지고 있다. 이를 활용하면 선거에 도움이 되는 공약을 만들 수 있고, 유권자들의 지지 획득에 큰 도움이 될 수 있다.

공무원의 입장에서도 유력한 후보나 정파의 요구를 그냥 무시하기도 쉽지 않다. 무시했다가는 혹시 후에 받을지도 모르는 인사상의 불이익이 걱정되기도 하고, 한편으로는 이를 잘 활용하여 확실한 '줄'을 잡을 수 있는 기회라고 생각할 수도 있다. 공무원에게 승진과 보직 등 '인사' 문제는 매우 중요한 사안이고, 정파나 후보는 인사권을 가지고 있다. 대통령마저 '인사권은 나에게 있다'라고 공개적으로 말하지 않는가. 검찰 같은 권력기관 구성원들도 인사권 앞에서는 속수무책인 점을 감안하면 일반 공무원들은 더 말할 필요가 없을 것이다.

선거판에서 공무원은 정책정보의 공급자이고 정파와 후보자는 수요자다. 이들 간에 '인사'를 매개로 거래가 가능한 '시장'이 형성될 수 있다. 이러한 거래는 민주주의의 가장 큰 위해요소이다. 선거는 민주주의 실현을 위해 국민의 대표를 선출하는 유일한 제도적 장치인데, 이것이 특정 후보나 정파에 의해 좌우되면 민주주의 근간이 허물어지는 것이다. 따라서 이런 거래는 절대로 성립되어서는 안 된다. 수요가 없으면 공급도 없는 것이 시장의 근본 원리이다. 이 시장에서 공급자인 공무원이 먼저 나서기는 쉽지 않다. 대부분의 거래는 권한을 가진 정파와 후보에 의해 시도된다. 이런 점에서 선거에 참여하는 모든 세력은 공무원에게 정치적 거래를 시도하는 행위를 중단해야 한다. 특히 인사에 민감한 공무원들의 처지를 활용하여 불법적 거래를 시도하는 것은 공무원들의 영혼을 매수하는 것으로서 도저히 용납될 수 없다. 공무원의 입장에서도 이런 정파적 거래를 통해 인사상의 이익을 보려는 생각을 버려야 한다. 물론 공무원 인사의 투명성과 공정성이 보장되지 못하고, 권력자의 자의적인 인사가 공무원들의 사기를 저하시키는 것은 사실이다. 그럼에도 불구하고 공무원들은 공익의 최후 수호자로서 단호히 거래를 거부함으로써 공복公僕의 자존심을 지켜야 할 것이다.

선거 후에 논공행상의 정실인사로 공직사회가 뒤숭숭하지 않은 적이 없다. 이는 공직사회의 불만, 전문성 저하, 이로 인한 행정력의 낭비로 이어져 결국 그 피해는 국민들에게 돌아간다. 대선, 총선, 지방선거 등 각종 선거가 되풀이해서 돌아온다. 정파와 후보들은 공직사회를 흔들지 말고, 공무원들도 자존심을 지켜주기 바란다.

울산, 그리고 지방

행복한 나라

주고 받는 덕담 속에 빠지지 않는 단어가 있다. 바로 행복이다. 누구나 행복하기를 바라고 또 행복을 빌어준다. 행복은 극히 주관적인 판단의 영역이다. 똑같은 여건에서도 사람에 따라 느끼는 행복의 정도는 천차만별이다. 그래서 행복의 수준을 객관적으로 측정한다는 것 자체가 성립되기 어려운 개념이다. 그럼에도 불구하고 사람들은 자신의 행복수준이 어느 정도이고, 내가 살고 있는 지역 또는 우리나라의 행복 수준은 어느 정도인지를 궁금해 한다. 행복은 극히 주관적인 것이지만 또 상대적인 것이기도 하기 때문일 것이다.

유엔 산하기관인 '지속 가능한 개발 솔루션 네트워크SDSN, Sustainable Development Solutions Network'에서는 World Happiness Report 라는 명칭으로 2012부터 각국의 행복도를 측정해서 발표하고 있다. 1인당 소득, 건강한 기대수명, 사회적 지원수준 등 7개의 지표로 각 나라의 행복도를 계산하는데, 최근 몇 년 간의 결과를 보면 우리나라의 순위가 소폭 상승하고 있는 것으로 나타났다. 즉 한국은 2021년 62위, 2022년 59위, 2023년 57위, 2024년 52위를 기록하고 있다. 대체로 핀란드를 비롯한 북유럽 나라들이 최상위에 랭크되어 있고, 이웃인 일본은 우리와 비슷한 수준이다. SDSN의 조사에 의하면, 우리나라는 소득이나 수명 부분은 성적이 높은 편이지만, '삶을 선택해 만들어가는 자유'가 많이 약하며, '정치인과 기업인에 대한 신뢰성(부패의 인식정도)'이 낮은 데다가 '기부'도 인색한 수준이어서 행복도를 떨어뜨리는 요인이 되고 있다고 한다.

한편 일본에서는 민간기관인 재단법인 '총합연구소'를 통해 매년 각 지방의 행복도 순위를 발표하고 있다. 소득, 재정건전도, 교육, 문화, 건강 등 다양한 분야의 70여개 지표를 토대로 일본의 47개 도도부현都道府県의 행복도 순위를 매기고 있는데, 놀랍게도 최근 10년 연속으로 1위를 차지한 곳은 바로 후쿠이현福井県이다. 후쿠이는 일본 중부의 동해에 면한 변방지역으로서 인구가 채 80만도 안 되는 작은 지방이다. 그런데 후쿠이는 초 · 중학교 학력평가 1위, 정규직 사원 비율 1위, 대졸 취업률 1위, 노동자세대 실수입 1위를 기록했다. 또한 이직률, 노인과 아동 빈곤률과 실업률은 가장 낮다. 국제회의 참석차 후쿠이를 방문한 기회가 있었는데, 이곳 인사들은 후쿠이가 일본에서 행복도 1위를 차지하고 있는 사실을 매우 자랑스럽게 홍보하고 있었다. 시골마을 후쿠이가 도쿄와 같은 대도시를 제치고 일본 최고의 행복도시로 자리 잡은 비결은 우리에게 몇 가지 시사점을 주고 있다.

우선 후쿠이는 여성 또는 가족친화적이다. 후쿠이의 대표적인 산업은 안경으로서 일본 안경의 90% 정도가 후쿠이에서 생산되고 있다. 그런데 안경회사 직원의 절반은 여성이다. 여성들이 안심하고 직장에 다닐 수 있도록 보육시설을 충분히 보급하여 아동 대기율이 제로이며, 근무 중에도 육아를 위한 시간을 충분히 보장하고 있다. 또한 후쿠이는 3세대 동거율이 일본에서 최고이다. 손자를 돌보는 조부모에게는 정부에서 보조금을 지급한다. 출산율과 여성 취업율이 높을 수밖에 없고, 이 결과 세대당 평균소득은 도쿄보다 높다. 또한 후쿠이에는 유독 시민들이 직접 행정에 참여하는 프로그램이 많고 활성화되어 있다. 대표적인 것이 '나도 시장' 프로그램이다. 전국의 대학생들이 후쿠이 발전방안을 제시하고 토론하는 대회를 매년 개최하여 젊은이들의 지역발전 아이디어도 얻고 시정에 대한 관심을 제고하고 있다.

우리나라에서는 지역별로 행복도를 조사한 자료가 매우 드물다. 그래서 울산시의 행복수준이 어느 정도인지는 가늠하기 어렵다. 하지만 최근 급속히 진행되고 있는 제조업의 부진과 고령화, 인구감소 등은 분명 울산의 행복수준을 감소시키는 요인으로 작용하고 있는 것이 사실이다. 비록 행복이 마음먹기에 따라 좌우되는 주관적 개념이라 할지라도 객관적인 행복여건이 마련되지 않으면 '유사類似' 행복에 불과하다. 시민행복이 지방정부의 궁극적 목적이라면 어떤 요소들이 시민들의 행복에 영향을 미치는지 면밀히 검토하고, 행복 영향 요소에 대한 체계적인 관리방안을 마련할 필요가 있을 것이다.

'파리Paris는 기억한다'

파리시청사는 건물이 아름답고 프랑스 역사에서 차지하는 의미가 커서 사람들이 많이 찾는 명소 중의 하나이다. 유럽 대부분의 나라들이 그렇듯이 관공서에 구호를 적은 현수막이 걸리는 경우는 거의 없다. 그래서 그곳이 시청인지, 구청인지 알기도 어렵다. 그런데 매년 거의 7월 한 달 내내 파리 시청사에는 '파리는 기억한다 PARIS SE SOUVIENT'라는 현수막이 걸려 있다. 무엇을 기억한다는 것일까. 바로 1942년 7월 16~17일에 있었던 벨디브Vel d'Hiv 사건이다. 2차 대전 중 프랑스 경찰이 유대인들을 체포하여 파리의 동계경륜장에 강제수용하고 이들을 독일의 아우슈비츠 수용소에 보내 학살되게 한 사건이다.

프랑스 입장에서 보면 역사상 가장 반인륜적 범죄를 저지른 것이고 치욕적인 역사의 하나이다. 그럼에도 불구하고 프랑스는 이날이 되면 대통령과 총리가 참석하는 대대적인 추모행사를 개최한다. 어두운 과거지만 이를 기억하며 희생된 사람들에게는 추모의 마음을 전하고 스스로는 역사의 과오가 되풀이되지 않도록 다짐을 하는 것이다.

파리의 기억은 과오에만 그치지 않는다. 파리에는 수많은 기억의 흔적이 있다. 바로 사람의 이름을 붙이는 것이다. 프랑스 국립도서관은 미테랑 도서관으로 불리고, 우리도 잘 아는 복합문화공간인 퐁피두센터는 아예 대통령 이름을 그대로 사용하고 있다. 무수히 많은 길과 공원 그리고 광장의 명칭에 프랑스 관련 성인聖人, 문화예술인, 작가, 학자, 정치인들의 이름이 사용되고 있다. 파리의 유명한 오페라극장은 오페라 가르니에로 불린다. 가르니에Garnier는 이 건물을 설계한 건축가이다. 로마시대 사용된 원형경기장으로 들어가는 짧은 길은 이곳을 발굴한 고고학자 바커Vacquer의 이름을 사용하고 있다. 작가 에밀 졸라Emile Zola이름을 딴 길도 있다. 이 길이 시작되는 지점에는 그의 얼굴과 글이 새겨진 작은 공원도 있다.

과거를 기억하고 또 국가와 사회 그리고 인류의 발전에 기여한 사람들을 기억하려는 노력은 전형적인 문명국의 모습이다. 우리의 경우를 보자. 울산에도 기억해야 하는 사건이나 인물들이 꽤 있다. 과거 울산은 환경오염 피해가 많았다. 지금 삼산지역은 울산의 신도심이 되었지만, 과거 환경피해로 인한 분쟁이 최초로 발생한 지역으로서 말하자면 우리나라 환경운동의 발상지이다. 삼산지역의 작은 공원에 이런 표시하나 설치하면 어떨까. '온산병'도 마찬가지다. 우리의 치부이기는 하지만 공해로 인한 피해를 되풀이 하지 않기 위해서라도 어떤 형태로든 기억될 필요가 있다.

울산에는 기억해야 할 인물들도 많다. 박상진 호수공원, 이예로

路 등은 아주 좋은 예다. 이를 더욱 확대할 것을 제안한다. 최현배로路도 가능할 것이고, 오영수 공원도 가능하다. 반구대 암각화를 최초로 발견한 문명대교수도 기억되어야 할 것이다. 더 나아가 시민장까지 치른 심완구 전 시장의 이름을 딴 도로나 공원을 만드는 것도 주저할 필요는 없을 것 같다. 또한 울산의 소방관, 경찰관, 시민들 중에서 국가와 사회를 위해 희생한 분들을 추모하고 기억하는 공원이나 길을 만드는 것에는 더더욱 인색하지 말아야 한다.

우리의 기억에는 한계가 있다. 지금 젊은이들은 삼산의 예전 모습을 알지 못한다. 그곳에 어떤 역사가 있었는지도 모른다. 누가 울산을 발전시키고 누가 시민들을 위해 희생했는지도 시간이 지나가면 다 잊히고 만다. 문화예술인에 대한 존경이 문화를 발전시키며, 의인義人들에 대한 최고의 예우는 그들의 희생을 기억하는 것이다. 또한 반성이 없으면 과오는 되풀이 된다. 존경과 반성은 기억에서 비롯된다. 그래서 기억은 역사발전의 필요조건이다.

'파리의 기억'도 순조로웠던 것은 아니다. 벨디브 사건을 프랑스 정부가 공식적으로 인정한 것은 53년이 지난 1995년이다. 에밀졸라 공원을 만드는 데에도 정치적, 사회적 논란이 심해서 십수 년이 소요되었다. '울산의 기억'을 만드는 것 역시 쉽지는 않을 것이다. 인물이나 사건에 대한 세간의 평가는 보는 사람에 따라 극히 다르기 때문이다. 특히 요즘과 같이 이념적 양극화가 심화된 경우에는 더욱더 그럴 것이다. 그럼에도 불구하고 문명사회로 가는 필수과업으로 생각하고 우선 합의가 쉬운 것부터 적극적으로 진행해 보았으면 한다.

태화강 대나무는 왜 누렇게 될까

바야흐로 봄이다. 태화강가에도 초록색이 눈에 띠게 늘었고 머지않아 벚꽃이 만발할 것이다. 그런데 태화강의 명물 대나무 숲은 봄이 되면 누런 빛깔을 띤다. 멀리서 보면 춘삼월에 가을분위기를 풍기고 있다. 다른 식물들은 봄맞이가 한창이라 물이 오르고 있는데 왜 대나무는 잎이 마르며 갈색으로 변할까. 바로 죽순 때문이라고 한다. 땅을 뚫고 올라올 죽순을 위해 대나무의 모든 영양분을 죽순으로 몰아주고 있는 것이다. 어린 죽순의 성장을 위한 대나무의 희생이다.

누런 태화강 대나무는 우리 젊은 세대를 생각하게 한다. 일자리가 부족하고 주거비와 사교육비가 치솟는 상황에서 젊은이들이 결혼과 출산을 포기한다. 출산율은 세계 최저 수준이고, 고령화는 초고속화 하고 있다. 노령인구는 급속히 증가하고 젊은 세대의 인구는 감소하는 현 추세가 지속되면, 인구구조로 볼 때 현재의 2030세대가 미래에 짊어질 부담은 상상하기 어려울 정도로 클 수밖에 없다. 노령인구에게 지급되어야 할 사회복지비, 의료비, 연금 등에 소요될 천문학적인 비용이 이들의 어깨를 짓누를 것이다. 이미 1000조가 넘는 국가부채의 청산도 이들의 몫이다.

그럼에도 불구하고 우리 사회는 젊은 세대에 대한 배려와 격려에 너무도 인색한 편이다. 먼저 자리를 차지했다고 버티고 앉아 기득권을 누리려는 시도가 여러 분야에서 나타나고 있다. 미래지향적 비전을 제시하거나 새로운 가치를 창출하지도 못하면서 과거의 경력을 빌미로 자리를 보전하고 있는 사람들이 많다. 젊은 세대가 비집고 들어갈 여지가 없다. 하지만 생각해 보시라. 대나무의 자기희생이 없다면 새로운 죽순은 나오지 못할 것이고, 일정 시점이 지나면 대나무 숲은 황폐해 지고 결국에는 사라져 버리게 될 것이다. 마찬가지로 지금처럼 새로운 세대들이 소외되고, 충분히 자기 역량을 발휘할 수 있는 여건이 마련되지 못한다면 우리사회는 퇴보할 수밖에 없다.

기성세대의 희생과 양보가 절실한 시점이다. 죽순을 위한 대나무의 희생처럼, 기성세대는 기득권을 조금 내려놓고 새로운 세대에게 충분한 기회와 역할을 부여할 필요가 있다. 무엇보다 정치·행정 분야에 청년들을 획기적으로 등용하여 젊은 세대 스스로 자기들의 미래를 결정할 수 있도록 권한을 주었으면 한다. 지금처럼 장식용이나 구색 맞추기가 아니라 실질적인 결정권한을 행사할 수 있도록 해야 한다. 다른 선진국들에는 3·40대 장관과 정치지도자가 수두룩하다. 이에 비해 우리 젊은이들은 선거 때마다 동원대상이 되거나 팬덤정치의 부산물 정도로 취급받고 있을 뿐이다. 미래는 386세대가 아니라 청년세대에 달려 있다. 이들의 열정적 에너지와 참신한 아이디어가 실제 정책에 반영될 수 있도록 문호를 활짝 개방해야 한다.

일자리도 마찬가지다. 대규모 노조가 노동시장을 장악하고 기존 노동자들의 권익만 생각하면 청년 일자리는 하늘의 별따기가 될 수밖에 없다. 물론 경제가 지속적으로 성장하며 새로운 취업기회를 만들어 나가는 것이 가장 바람직하겠지만, 지금과 같은 제로섬 상황에서 기존 노조가 기득권을 지나게 강조하면 청년세대는 좌절할 수밖에 없다. 노동자들 모두 힘들기는 마찬가지겠지만, 죽순을 배려하여 함께 성장하려는 대나무의 마음을 헤아렸으면 한다. '죽순을 위한 배려'는 대학을 비롯한 학문분야에서도 필요하다. 요즘 대학은 재정을 이유로 기존 교수가 정년퇴직을 해도 그 자리를 채우지 않는다. 많은 젊은 박사들이 겨우 버티다 변변한 연구결과도 내지 못하고 사라지는 경우가 너무도 많다. 이런 상황에서 학문의 발전을 기대하는 것은 어불성설이다.

태화강 대나무는 지금은 누런빛을 띠고 있지만 죽순이 다 자라고 나면 곧 건강한 녹색으로 변하며 원래의 모습으로 되돌아갈 것이다. 죽순을 위한 일시적인 희생 끝에 더욱 울창하고 풍성한 대나무 숲으로 거듭나는 것이다. 젊은 세대를 위한 기성세대의 양보와 희생도 단기적으로는 고통스럽겠지만, 죽순과 대나무가 순환하며 울창한 숲을 이루듯이, 결국에는 우리사회의 지속적인 발전에 기여할 것이다. 젊은이들에게 더욱 더 많은 기회를 부여하고, 봄볕같이 따뜻한 격려를 보내자. 이들이 우리의 미래다.

울산에 뜨는 '별'

지역 선거였지만 전국적인 관심 속에서 진행된 서울과 부산 시장 보궐선거가 막을 내렸다. 세간의 관심은 벌써 내년에 있을 대선과 지방선거로 옮겨 가고 있다. 이 와중에 한 정치인이 언급한 '별의 순간'이 화제다. 독일어인 'Sternstunde'에서 비롯된 이 용어는 '결정적 순간'을 뜻한다. 권력을 꿈꾸는 사람들은 대중의 관심과 지지를 한 몸에 받을 수 있는 '별의 순간'을 노리고 있다.

그런데 별의 순간은 자신의 역량이나 노력과는 무관한 우연한 사건에 의해 랜덤random하게 오는 것이 보통이다. 따라서 별의 순간을 잡는 것에 못지않게 스스로 별이 되려는 노력을 기울이는 것이 더 의미가 있다. 물론 그 순간을 파악하는 것도 역량이기는 하지만 아무런 준비도 되어 있지 않은 자가 기회가 왔다고 단박에 별이 될 수는 없는 것이다. 울산에도 시장 선거를 앞두고 여러 명의 인사들이 후보로 회자되고 있다. 이들 대부분이 이미 시민들에게 알려진 사람들이지만, 시민들은 참신한 새 인물의 등장도 기대하고 있는 것이 사실이다. '새로운 별'이 되기 위해서는 우주에서 진짜 별이 탄생하는 과정을 염두에 두는 것도 좋을 것이다.

별은 우주의 성운星雲에서 탄생한다. 중력에 의해 가스입자들이 모여들고 수소가 핵융합 반응을 통해 빛과 열을 방출하면서 새로운 별이 탄생하는 것이다. 별 중에는 규모가 작고 빛도 약한 왜성矮星, dwarf star에 머무는 것이 압도적으로 많다. 육안으로 볼 수 있을 정도로 강한 빛을 내는 거성巨星, giant star으로 진화하기 위해서는 핵융합이 더욱 활발하게 전개되어야 한다. 정치영역의 별도 마찬가지이다. 시장이 되고 싶다고 나서기만 해서 '별'이 되는 것이 아니다. 별이 되려면 지지의 외연을 확장해 나갈 수 있는 역량을 갖추어야 한다. 여기에 더해 시민들의 주목을 받는 거성이 되기 위해서는 핵융합을 거듭하는 별처럼 기존의 틀에 안주하지 않고 지속적인 변화와 혁신 노력을 기울여야 한다. 충분한 자격을 갖추고 참신한 시각으로 울산의 발전을 주도하는 새로운 별들이 많이 등장할수록 울산의 미래는 더욱 밝아질 것이다.

밝은 빛을 내는 별들이 모두 새롭게 탄생하는 것은 아니다. 별 중에는 신성新星, nova이라는 것이 있다. 기존의 별 중에서 어느 날 갑자기 수만 배로 밝아지는 별이다. 주변에서 소멸하는 별로부터 수소를 공급받은 별이 핵융합 반응을 다시 일으켜 갑자기 엄청난 빛을 발하는 것이다. 지금 울산의 '별'이 되려는 사람들 중에는 이미 이런 저런 '별'을 경험한 사람들이 꽤 있다. 이들이 다시 울산의 별이 되려면 신성이 만들어 지는 과정을 참고하기 바란다. 과거의 경력과 경험을 그대로 내세워서는 신성이 될 수 없다. 신성으로의 진화는 기존의 사고와 틀을 완전히 깨부수고 환골탈태를 거듭해서 전혀 새로운 패러다임을 제시할 때 가능한 것이다. 크게 변화한 시민들의 사고방식과 가치관, 더욱 복잡하고 다양해진 울산의 경제·사회적 분위기를 정확히 파악하지 못하고 지난 시절의 프레임만을 고집한다면 그저 그런 왜성矮星으로 전락하고 말 것이다.

우리가 별을 보고 희망을 품는 것은 아마도 스스로 빛을 발하는 별의 자주적 속성 때문일 것이다. 별은 빛을 내기 위해 끊임없이 변화를 추구하고 있다. 이런 별이 우리 은하계에 약 4천억 개가 있다고 한다. 다음 시장선거에서 울산에는 과연 몇 개의 별이 뜰 것인가? 이 중에는 스스로 빛을 내지 못하는 행성planet이 마치 별인 척하며 등장하기도 할 것이고, 왜성으로 마감되는 별도 있을 것이다. 물론 외부적인 요소에 기대지 않고 오로지 스스로의 역량으로 시민들의 요구에 부응하는 비전을 제시하는 거성과 신성도 뜨기를 기대한다. 밤하늘의 별을 보면서 시장선거에서 뜨고 지는 울산의 별들의 진화과정을 함께 지켜보는 것도 흥미로운 관찰이 될 것이다. 모쪼록 거성과 신성이 많이 나타나서 세파에 지친 시민들의 가슴에 희망을 안겨주기 바란다.

울산시장이 되려면(1)

지방선거를 앞두고 울산시장을 비롯한 5개 구군에 출마할 후보들의 이름이 거론되고 있다. 대부분이 이미 지역 정계에 알려진 인물들이다. 물론 이들 중에는 본인은 의사가 없는데 언론이 앞서가는 측면도 있을 수 있다. 지난 선거는 대통령 탄핵이라는 소용돌이 속에서 치러졌다. 세세하게 묻지도 따지지도 않고 기존 정권에 대한 심판이라는 구도 속에서 민주당의 '싹쓸이 당선'이라는 결과가 나타났다. 하지만 다음 선거는 전혀 다른 맥락에서 진행될 것으로 예상된다. 코로나라는 펜데믹 상황에서 울산 경제의 어려움이 가중되고 있고, 서민들의 삶은 더욱 궁핍해졌다. 울산의 인구가 급속히 감소하고 있으며, 청년 실업률이 증가하면서 미래세대의 희망도 꺾이고 있다.

차기 시장은 이런 상황을 돌파할 수 있는 새로운 비전을 제시해야 한다. 현 시장을 포함하여 현재 출마가 거론되는 후보들은 이미 여러 선거에서 이름을 알린 사람들이다. 또 일부는 실제 공직경험을 거치거나 현재 공직을 맡고 있는 사람들이다. 그래서 본인들은 기존의 활동과 업적으로 당연히 후보로서의 자격을 갖추고 있다고 생각할 수 있다. 하지만 세상이 달라져도 너무 많이 달라졌다. 과거의 사고나 패러다임으로 울산의 미래를 끌고 가는 것은 불가능하며 바람직하지도 않다. 아무리 화려한 경력을 가지고 있다고 하더라도 그것은 과거의 일일 뿐이다. 시장이 되려는 사람들은 이 시대에 맞는 새로운 비전과, 그 비전을 실현시킬 수 있는 합리적이고 구체적인 정책대안을 들고 나와야 한다. 이런 점에서 차기시장의 가장 중요한 요건은 울산의 현 상황을 정확하게 진단하고 미래의 방향을 설정할 수 있는 정책역량을 갖추는 것이 될 것이다.

따라서 진정으로 울산시장이 되고자 하는 사람들은 지금부터라도 체계적이고 합리적인 정책을 개발하고 공약을 만들어 가는 정책학습policy learning에 많은 시간을 할애하여야 할 것이다. 물론 선거는 대중의 지지를 받아야 하므로 부지런히 유권자들 만나 이름을 알리고 그럴듯한 업적을 내세우며 지지를 유도하는 것도 의미가 없지 않다. 그런데 그동안 우리의 선거를 돌아보면, 선거에 임박해서 촉박한 시간에 공약을 급조하는 경향이 강했다. 다른 후보들의 공약을 베끼거나, 이것저것 마구잡이로 구색을 맞춰 끼워 넣거나, 심지어 예전의 공약을 그대로 되풀이 하는 경우도 많았다. 이 결과 비합리적이고 엉터리 같은 정책들이 공약이라는 이름으로 추진되는 바람에 시민들의 혈세가 낭비되는 경우를 수없이 보아 왔다.

다음 선거에서는 이런 상황이 되풀이되지 말았으면 한다. 선거가 1년여 남은 이 시점부터 울산지역의 단체장 후보들은 공약으로 내세울 정책을 개발하는 데에 힘을 기울이는 것이 좋겠다. 이를 위해 전문가를 초빙하여 세미나도 열고, 무엇보다 주민들의 요구를 적극적으로 수용하여 합리적인 정책개발을 도모하는 데에 관심을 기울이기 바란다. 그런데 이러한 학습을 후보 개개인이 진행하는 데에는 아무래도 한계가 있다. 따라서 정당차원에서 학습활동이 진행되는 것이 바람직할 것이다. 본래 정당의 주요 기능의 하나가 이익 결집interest aggregation인 만큼, 울산의 각 정당들은 시민들의 요구를 반영하는 정책개발에 더욱 노력할 필요가 있다.

펜데믹 이후 최초로 치러지는 다음 선거는 울산이 나아가야 할 새로운 방향을 설정하는 중요한 이벤트이다. 그래서 다음 선거의 핵심화두는 '변화'와 '미래'가 될 것이다. 울산시장이 되려고 하는 사람들은 일단 과거 또는 현재의 경력과 활동을 모두 내려놓기 바란다. 그리고 새로운 상황에 맞는 시대정신을 정립하기 위해 치열하게 고민하고, 새로운 시각에서 울산을 발전시킬 수 있는 미래지향적인 대안을 제시하려는 노력을 기울여 주기 바란다. 이를 통해 내년 지방선거가 울산시민들에게, 특히 우리의 미래를 짊어질 2030세대에게, 희망을 안겨주는 전환점이 되었으면 한다.

울산시장이 되려면(2)

지방선거가 다가온다. 시장 후보들이 드러나면서 선거열기가 뜨거워지고 있다. 앞으로 울산을 이끌어 갈 적임자는 과연 누구인가. 나는 1년여 전 '울산시장이 되려면'이라는 칼럼에서, 울산의 '변화와 미래'를 위해 시장이 되려는 사람들은 무엇보다 정책역량을 갖추는 노력을 기울이라고 강조한 바 있다. 지금 거론되는 시장후보자들이 그동안 울산의 문제를 진단하고 해결하기 위한 정책대안을 마련하기 위해 얼마나 노력해 왔는지는 유권자들이 판단할 것이다. 선거가 얼마 남지 않은 이 시점에서 울산시장이 되려면 반드시 관심을 기울여야 할 몇 가지 사항을 추가하고자 한다.

선거의 핵심은 미래를 제시하는 것이다. 후보들은 자신의 과거 경력을 강조하는 경우가 많다. 행정부와 입법부에서의 국정 경험은 물론 중요하다. 인물의 과거를 보면 미래도 짐작할 수 있는 것이 보통이다. 하지만 과거는 과거일 뿐이다. 과거의 경험이 미래의 실적을 담보하는 것은 아니다. 따라서 시장이 되려면 무엇보다 울산의 미래를 설계하고 책임질 수 있는 역량을 갖춰야 한다. 울산의 가장 큰 어려움은 경제다. 과거 산업수도의 위상이 흔들린 지가 이미 오래되었다. 이는 일자리 감소를 초래하고 젊은 층의 탈울산과 함께 인구감소로 이어지고 있다. 수도권에는 울산보다 인구가 많은 도시가 속출하고 있고, 지방자치법의 개정으로 특례시의 지위를 누리며 울산을 더욱 위협하고 있다. '부자도시'로 전국이 부러워하던 울산의 명성을 앞으로 어떻게 회복시킬 것인가. 차기 시장의 가장 큰 과제이다. 이에 대한 해법을 제시해야 한다.

독창적인 아이디어가 필요하다. 거론되는 공약들을 보면 대부분 다른 지역과 유사하거나 아니면 지난 대선 공약의 부분적인 변형에 그치는 것이 많다. 한마디로 참신함과 창의력이 부족하다. 더구나 표를 의식하여 현금성 지원을 강조하는 공약들도 상당수 눈에 띈다. 지역의 현안들은 지역경제, 교통, 환경 등 시민들의 일상생활과 밀접한 것들이므로, 조금만 더 노력을 기울이면 소소하지만 의미 있는 정책개발이 가능하다. 예산 시즌이 되면 중앙정부로부터 확보한 국고지원액 규모가 관심대상이 된다. 그래서 중앙 권력자와의 유대가 자신의 강점이라고 내세우는 후보도 있다. 국고지원을 위해서는 정치적 관계도 필요하지만 정책의 소망성이 더 중요하다. 중앙정부 입장에서도 지방정부가 훌륭한 대안을 제시하면 적극적으로 지원해 주는 것이 최근의 추세이다. 울산의 정책이 중앙정부와 타 지방정부에 확산되어, 전국적인 정책혁신의 메카가 될 수 있을 정도로 창의적인 정책아이디어를 제시하기 바란다.

새로운 인재발굴에 관심을 기울일 필요가 있다. '미래를 설계하는 독창적인 정책아이디어'는 결국 사람으로부터 나오는 것이다. 언제부터인가 선거 때가 되면 으레 누가 출마하고, 또 누구는 누구를 지원한다는 얘기가 들려온다. 어느 정당이나 큰 변화 없이 제한적인 사람들이 돌고 돌아 선거에 나오고 또 나오는 것이 울산정치의 현실이다. 특정 후보 중심으로 또는 정당별로 폐쇄적인 이너서클이 구성되어 있는 것이다. 아무리 유능하고 열정을 갖고 있어도 새로운 인물들이 이 단단한 틀을 깨고 지역 정치에 발을 들여놓기가 쉽지 않다. 문제는 이런 폐쇄적이고 한정된 인적자원 서클에서는 독창적이고 참신한 아이디어가 나오기 힘들다는 것이다. 이것이 울산 정치의 발전을 가로막는 근본적인 장애물이다. 이번 선거에서는 이너서클을 벗어나 참신하고 유능한 인재를 새롭게 발굴하여, 이들을 통해 기존과는 다른 정책대안을 제시할 수 있는 역량을 갖추고 있음을 보여주기 바란다.

지방자치 이후 여러 지역의 성과를 분석한 결과를 보면, 단체장이 누구냐에 따라 동일한 여건에서도 변화와 발전을 도모한 곳도 있고 반대로 정체와 퇴보를 겪는 곳도 있다. 결국 유권자들이 누구를 선택하느냐에 따라 지역의 미래가 달려있는 셈이다. 이번 선거에 유능한 울산시장 후보들이 등장하여 울산의 앞날을 밝혀주기를 기대한다.

선거의 해, 미래가 없다

2020년의 화두는 국회의원 선거다. 21대 국회의원 선거가 채 100일도 남지 않았다. 앞으로 몇 달 후면 우리의 미래를 책임질 정치권력이 등장하게 된다. 선거를 통해 정치적 세력들이 경쟁을 하고 국민의 선택이라는 민주적 절차에 의해서 다수당이 등장하는 것은 민주주의의 전형적인 모습이다. 선거를 민주주의의 꽃이라고 부르는 이유도 여기에 있다. 하지만 아무 선거나 다 민주주의의 꽃이 될 수는 없다. '꽃'이 되기 위해서는 선거다워야 한다. 선거답기 위해서는 무엇보다 '미래'가 선거의 중심이 되어야 한다. 각 정파들은 선거를 통해 미래를 제시하고 이런 주기적인 경쟁을 통해 사회가 점진적으로 발전해 나가는 것이 진정한 선거의 역할이다.

그런데 지금 우리의 모습은 어떠한가. 선거의 해에 전개되고 있는 주요 정당들의 행태는 개탄스럽다. 미래의 비전을 제시하기 보다는 이른바 인재 영입이라는 보여주기 쇼, 정당들 간의 연대와 통합을 명분으로 한 정치공학적 접근, 정치인들에 대한 낮은 평가를 벗어나기 위한 형식적 물갈이 시도 등 선거의 본질과는 무관한 외형적 포장에 급급하고 있다. 하지만 국민들은 정치인들이 생각하는 것보다 훨씬 더 현명하다. 그동안의 학습효과로 이제 웬만한 포장에는 더 이상 속아 넘어가지 않는다. 국민들은 이런 것이 우리 정치의 퇴행적 모습이라는 것을 다 알고 있는데, 정당이나 정치인들은 여전히 진영논리와 인기 영합주의 방식이 통할 것으로 생각하고 있다. 골치 아픈 미래비전 제시보다는 단기적 효과를 거둘 수 있는 감성적 전략을 통해 선거에서 이기기만 하면 된다는 미망迷妄에 사로 잡혀 있다.

지구촌은 이미 전속력으로 미래를 향해 나아가고 있다. 4차 산업혁명에서 주도권을 놓치지 않기 위해 혁신과 규제 완화 등 다양한 조치를 발 빠르게 취하고 있다. 이에 비해 우리 정치는 때를 놓치고 여전히 '과거'에 머물고 있다. 세상이 다 변하는데 정치는 아직도 전근대적 수준이다. 사실 그동안 국회에 대한 국민들의 지지와 신뢰가 극히 낮아서 국회의 역할에 대해 과소평가하는 경향이 있다. 하지만 국민을 대표하는 헌법기관인 국회의 권한은 상당하다. 특히 입법권은 국회만이 가지고 있는 고유 권한이다. '제왕적'이라는 소리를 듣는 대통령도 국회에서 법을 만들어 주지 않으면 아무 일도 할 수 없다. 입법권을 통해 미래로 나아가는 기본 틀을 만드는 곳이 바로 국회이다. 이런 점에서 이번 국회의원 선거에서는 무엇보다 미래가 제일 중요한 화두가 되어야 한다. 정당들은 '보여주기 이벤트'를 중지하고 구체적인 미래비전을 제시해야 한다. 인재 영입도 의미 있지만 그들을 통해 무슨 미래를 만들 것인지, 정당 간

연대와 통합도 중요하지만 이를 통해 어떤 미래를 만들어 갈 것인지를 더 중요하게 논의해야 한다. 이번 21대 총선을 계기로 우리 정치가 미래지향적 패러다임으로 전환하지 못하면, 정말로 우리의 미래는 암담하다.

울산은 미래 비전이 더욱 더 절실한 지역이다. 지난 몇 년 간의 경제 침체로 산업도시 위상이 흔들리고, 인구감소와 고령화로 미래가 더욱 불확실해지는 지금, 이번 선거에 출마를 희망하는 울산의 정치인들은 무엇보다 울산의 미래를 가지고 경쟁하기 바란다. 산적한 울산의 문제를 어떻게 해소할 것인지, 향후 울산을 어떤 도시로 만들 것인지에 관해 구체적인 비전과 전략을 제시하라. 그리고 이를 토대로 공정하고 자유로운 분위기에서 최선을 다해 경쟁하기 바란다. 이번 선거에서는 울산에서만이라도 미래비전을 두고 경쟁하는 '꽃'다운 선거가 치러지기를 기대한다.

* 21대 선거가 있던 2020년에 쓴 글인데, 22대 선거가 치러진 2024년에 작성했다고 해도 전혀 이상하지 않은 글이다. 그만큼 우리 정치에는 미래가 없다. 선거 때마다 미래지향적 정책을 이슈로 했으면 하는 기대는, 늘 그렇듯이 물거품처럼 사라지고, 갈등과 반목, 그리고 정치적 술수만 남는 것이 우리 정치의 현실이다. 우리 정치 수준은 언제 좀 나아 질 것인지 국민들의 근심과 걱정은 오늘도 여전하다.

21대 국회의원 선거 이후의 울산정치

21대 국회의원을 선출하는 4.15 총선(2020년)이 더불어 민주당의 압승으로 끝난 지 거의 한 달이 다 되었다. 여전히 야당인 미래통합당(현 국민의힘) 일부에서는 부정투표 운운하며 미련을 남기고 있지만, 대부분의 국민들에게 지난 선거는 이미 관심 밖의 일이며 일상으로 돌아간 지 오래되었다. 그런데 울산에서는 이번 선거 결과를 놓고 소소한 우려가 제기되고 있다. 이른바 '울산판 여소야대'에 대한 걱정이다. 시장, 군수, 구청장 모두 민주당 출신인데 이번 선거에서 당선된 국회의원은 여섯 명 중 다섯 명이 미래통합당 소속이라, 이들 간의 갈등으로 혹시라도 중앙정부로부터 지원을 받는데 지장이 있을까 염려하는 것이다. 하지만 이러한 생각은 기우杞憂에 그칠 공산이 크다. 우선 국회의원들과 시장의 역할은 다르다. 국회의원들은 입법과 예산 활동을 통해 울산에 영향을 미치는 정책과 재정지원을 결정할 수는 있으나, 이의 집행은 지방정부에 의해서 이뤄질 수밖에 없다. 또한 시장을 비롯한 지역의 행정책임자들도 지역의 현안을 해결하기 위해서는 지역 국회의원들과의 유기적인 협력이 필수적이라는 것을 너무도 잘 알고 있다. 따라서 비록 소속 정당이 다를지라도 이들 모두 울산지역을 기반으로 정치를 하는 사람들인 만큼 울산발전에 필요한 일이라면 충분히 협력을 이뤄낼 것으로 기대해도 괜찮을 것이다.

다만 울산발전의 방향과 이를 위한 구체적인 전략과 사업에 대해서는 서로 관점과 견해가 다를 수 있을 것이다. 이에 대해서는 민주당 출신인 울산시장과 미래통합당 출신 의원들 간에 활발한 소통과 함께 선의의 경쟁을 펼칠 것을 주문하고 싶다. 정파적인 이데올로기나 정책지향에 매몰되어 일방적인 찬성과 반대를 표명하며 대립하기 보다는, 시민의 입장에서 바람직한 대안을 찾으려는 노력을 경쟁적으로 기울일 필요가 있다. 지난 선거결과에도 시민들의 이런 요구가 반영되어 있다.

총선결과 울산지역 당선자는 미래통합당이 압도적으로 많지만 지역구 득표율은 민주당 39.1%, 통합당 49.8%로서 약 10% 정도의 차이가 나는 것으로 나타났다. 지난 2018년 지방선거에서는 민주당 46.2%, 자유한국당 32.7%의 득표율로서 민주당이 시장을 비롯한 자치단체장을 싹쓸이 한 것과 비교하면, 정당에 대한 시민들의 지지가 완전히 뒤바뀐 것이다. 이는 다음 선거에서도 울산시민 다수가 지지하는 정당이 또 다시 바뀔 수 있다는 것을 의미한다. 울산시민들이 특정 정당에 대해 고정적인 지지를 보내는 것이 아니라 점진적으로 스윙보터swing voter로 변화하여, 선거 당시의 상황과 이슈에 따라 투표성향이 달라질 수 있음을 보여주는 것이다. 즉 어느 정당도 이번 선거결과를 놓고 안심하거나 실망할 수 있는 상황이 아니다. 앞으로의 상황과 여건에 따라 울산시민들이 선택하는 정당은 얼마든지 달라질 수 있기 때문이다.

따라서 각 정당들은 시민들의 지지를 얻기 위해서 지금보다 훨씬 더 치열한 노력을 기울여야 할 것이다. 무엇보다 정당의 인적자원을 확충하고 정책개발 능력을 제고할 필요가 있다. 울산에서는 유독 동일한 인물이 여러 선거에 출마하는 경우가 너무 많다. '검증된 인물'이라고 포장되지만 사실은 울산 지역정당의 부족한 인적자원의 한계를 그대로 드러내는 것이다. 울산의 정당들은 지역정치의 폐쇄적 이너 서클inner circle을 혁파하고 새로운 인재를 발굴하여 유능한 정치인으로 육성해야 한다. 정책도 마찬가지이다. 지방선거나 국회의원선거, 심지어 대선까지도 울산지역 공약은 별로 차이가 없다. 선거를 앞두고 급조하기 때문이다. 늘 되풀이 되는 정책공약은 시민들에게 아무런 감동을 주지 못한다. 평소에 시민들과의 부단한 소통을 통해 지역의 현안을 파악하고 이를 해소하기 위한 정책개발 노력을 게을리 하지 말아야 한다.

울산의 총선거는 미래통합당의 지지회복으로 마무리 됐지만 다음 선거 결과는 누구도 알 수 없다. 하지만 분명한 것은 이른바 '영남보수'만 찾거나, 대통령의 '개인적 인기'에만 의존하는 정당은 더 이상 표를 얻기 힘들 것이다. 선거는 계속된다. 새로운 인재확충과 창의적 정책개발을 통해 치열하게 경쟁하는 것이 선거 승리의 관건이라는 점을 '울산 정치'는 깨닫기 바란다.

울산의 22대 국회의원 당선인들께

힘든 선거를 치르느라 고생하셨습니다. 우선 당선을 축하합니다. 어렵지 않은 선거가 어디 있겠습니까만, 이번 선거는 당내 예선부터 격전이었던 것 같습니다. 아직도 승리의 여운이 가시지 않을 거라 생각됩니다. 하지만 앞으로 해내야 할 의정활동을 생각하면 한편으로는 어깨가 무거울 것입니다. 벌써부터 지역 언론과 시민들은 울산발전을 위해 노력해 줄 것을 당부하면서 공약 이행을 위한 국비확보와 상임위 선택 등에 관심을 보이고 있습니다. 이러한 관심과 요구는 지역의 국회의원으로서 당연히 수행해야 하는 책무에 대한 시민들의 기대가 반영된 것일 겁니다.

이와는 좀 다른 차원에서 당선인들께 당부를 드리고자 합니다. 우연인지 몰라도 이번 선거에서 당선된 여섯 분의 소속정당은 여야에 골고루 분포되어 있습니다. 그리고 선수選數를 보면 초선, 재선 그리고 5선의 중진도 있습니다. 한마디로 다양한 분포를 이루고 있죠. 각자 소속정당에서의 역할이나 위상이 제각기 다르겠지만,

국회의원은 국민의 대표로서 독립적인 헌법기관인 만큼 마음만 먹으면 상당한 역할을 하실 수 있을 것입니다.

우선 다수당이 된 민주당 소속 당선인께 당부 드립니다. 민주당은 22대 국회에서도 절대적인 힘을 발휘할 수 있는 의석을 보유하게 되었습니다. 벌써부터 상임위원장을 독식하겠다는 얘기도 들리고, 논란이 많은 법안들의 입법을 단독으로 강행하려는 움직임도 있습니다. 잘 아시겠지만 이런 독선과 일방적 처리는 반드시 역풍을 맞게 됩니다. 지난번 대선 패배도 상당 부분 이런 점이 영향을 미쳤습니다. 승리에 도취되어 입법 권력을 마구 휘두르는 순간 민주당은 다시 어려움을 겪게 될 것이 뻔합니다. 이번 선거에서 의석수는 크게 차이가 났지만 여당을 지지한 유권자도 45%가 넘습니다. 부디 입법과정에서 다양한 국민들의 의견이 반영되고 타협과 양보를 통해 의회정치가 복원될 수 있도록 힘써 주시기 바랍니다.

국민의 힘은 선거 패배 이후 부활을 모색하고 있습니다만 단기간에 회복하는 것은 쉽지 않아 보입니다. 하지만 이럴때 일수록 울산의 당선인들께서 더 중요한 역할을 할 수도 있을 것입니다. 무엇보다 여당과 대통령 간의 새로운 관계 정립을 주도했으면 합니다. 당대표를 지낸 분도 있고 소위 대통령 측근으로 알려진 의원도 있습니다. 대통령에게 민심을 정확히 전달하여 정책에 반영되도록 하는 것은 집권당의 기본적인 책무입니다. 우리 정당사에서 이 역할을 제대로 수행한 정당은 선거에서 승리하였고, 대통령에게 종속된 경우에는 여지없이 패배했습니다. 선거 참패에도 불구하고 대통령이 별로 달라지지 않았다는 여론이 많습니다. 게다가 여전히 '영남·웰

빙 정당' 이미지를 벗지 못하고 있습니다. 그래서 권력 핵심의 분위기를 알고 있는 당선인들의 역할이 더욱 더 필요합니다.

이번에 진보당 유일의 지역구 의원이 울산에서 탄생했습니다. 한때는 울산이 진보정치의 중심이라고 불리었던 시기도 있었습니다. 하지만 이번에 녹색정의당이 전국에서 한 석도 건지지 못할 정도로 진보정치는 퇴보해 왔습니다. 그 이유 중의 하나는 독자적인 세력화보다는 다수당에 의존해서 생존하려는 생각을 했기 때문입니다. 당선인께서는 이른바 민주당의 2중대라는 오명에서 벗어나려는 노력을 해야 할 것입니다. 대통령뿐만 아니라 민주당의 오류도 비판할 수 있어야 합니다. 더 나아가 소위 종북 논란에서도 벗어나야 합니다. 무엇보다 북한 주민의 인권과 자유라는 인류 보편적 가치, 그리고 세습이라는 비민주적 정치체제에 대해서는 분명한 입장을 표명해야 할 것입니다. 진보정치 세력이 대중정당으로 발전하기 위한 최소한의 조건이라고 생각합니다.

시민들은 당선인들이 22대 국회에서 어떤 모습을 보여 줄지 걱정과 기대를 안고 지켜볼 것입니다. 그리고 4년 후 심판의 한 표를 던지겠지요. 각자 정당이나 국회에서 나름대로의 역할을 수행하는 데에 여러 제약과 한계가 분명히 있을 겁니다. 그럼에도 불구하고 울산의 당선인들이 의회정치의 주역이 되어 전국적 정치인으로 성장하기를 성원합니다. 건투를 빕니다.

문을 여시오

로마제국쇠망사를 쓴 영국의 에드워드 기번Edward Gibbon은 로마제국이 대규모 영토를 차지한 대제국으로 발전할 수 있었던 원동력으로 관용 또는 포용성을 들고 있다. 로마에서는 비록 노예라도 능력이 있으면 로마 시민이 될 수 있었으며, 피정복지의 야만인이라도 일정한 자격을 갖추게 되면 로마의 지배층으로 올라갈 수 있는 기회를 부여하였다. 누구든지 로마의 발전에 기여할 수 있는 사람들은 모두 로마 시민으로 받아들인 것이다. 한 마디로 열린 사회였다. 2천 년 전의 고대사회에 이런 개방적인 제도와 문화가 존재하고 있었다는 것이 그저 경이로울 뿐이다.

울산은 과연 열려 있는 사회인가. 여러 분야가 있지만 이번에는 정당을 중심으로 살펴보자. 왜냐하면 현재의 대의제 민주주의 제도에서 정당은 정치권력을 배출하는 중요한 통로이며, 정당을 통해 당선된 선출직 공무원들이 지역의 정책결정 권한을 장악하기 때문이다. 정당을 통해 공천을 받은 사람들이 시장, 구청장, 시의원 등 대부분의 선출직 공무원들을 차지하고 있음을 생각해 보면 정당의 중요성을 쉽게 이해할 수 있다.

그런데 울산의 선출직 공무원들의 출신지역 분포를 살펴보면, 울산지역 출신(이른바 울산 토박이를 말한다)들이 압도적인 다수를 차지하고 있다. 정확한 통계를 제시할 수는 없지만, 대략 울산시 전체인구에서 울산출신이 차지하는 비중은 대략 30% 정도로 알려져 있는데 선출직에서 차지하는 비중은 거의 70%를 넘고 있다. 울산 출신 인사들이 지역의 정치적 결정권한을 독차지 하고 있는 것이다. 이러한 '대표'의 불균형이 왜 나타나는가. 소위 외지 출신 사람들은 능력이 부족하기 때문인가 아니면 정치적 욕구가 유달리 낮기 때문인가. 이보다는 정당구조의 지역적 폐쇄성에서 그 이유를 찾을 수 있다.

누구나 알고 있듯이 우리나라 정치와 선거의 지역적 특성 때문에, 특정 지역에서는 특정 정당이 강력한 영향력을 발휘하고 있는 것이 사실이다. 이러한 상황에서는 특정정당의 공천을 받는 것이야 말로 당선으로 가는 확실한 지름길이 될 수 있다. 하지만 아무나 정당에 가입하여 인정을 받을 수 있는 것이 아니다. 정당이 지역적 연고를 중심으로 폐쇄적으로 운영되기 때문에 지역 연고가 없는 사람들은 쉽게 접근하기가 어려운 것이 현실이다. 그래서 울산에 직장을 가지고 이삼십년을 살아도 지역연고가 없으면 정당을 통한 정치활동이 쉽지 않다. 반면에 울산출신 인사들은 십 수 년을 외지에서 생활했더라도 일단 울산으로 돌아오면 지역적 연고를 통해 쉽사리 정당의 유력한 인사로 등장한다.

사실 울산은 인재풀pool이 생각보다 넓은 지역이다. 울산에 즐비한 대규모 기업들의 임직원들은 오랫동안 세계와 경쟁하며 역량을 발휘해 온 사람들이다. 울산에는 나름대로 제 분야에서 실력이 검증된 전문가 그룹도 적지 않게 존재한다. 하지만 이들도 울산지역 출신이 아니면 지역적 고리를 중시하는 울산의 정당구조에 편입되기가 쉽지 않다. 물론 정당의 특성상 당의 이념과 정책지향에 맞는 사람들만 선별해서 취해야 하는 것은 당연하지만 지금처럼 지역적 연고가 중시되는 경향은 개선돼야 할 것이다. 울산발전에 크게 기여할 수 있는 인물들이 지역적 연고가 없다는 이유로 배제된다면 이는 분명 크나큰 손실이 아닐 수 없다. 이를 해소하기 위해서는 정당들이 문을 열어야 한다.

울산지역에 존재하는 모든 인재들을 출신지역을 따지지 말고 모두 받아들이는 개방적이고 적극적인 자세를 가질 필요가 있다. 지역의 정당들이 문을 활짝 열면, 이를 통해 역량 있는 인재들이 울산의 중요한 정책결정에 참여할 수 있는 길이 열리고, 이는 결국 울산의 수준을 높이는데 기여하게 될 것이다. 이것이 바로 공당公黨의 역할이자 사명 아니겠는가.

'지방' 없는 지방선거

제8회 지방선거(2022년 6월 1일)가 국민의힘의 압도적인 승리로 마무리 되었다. 울산도 시장은 물론 지방의회까지 국민의 힘이 장악하면서 4년 만에 완전히 정치구도가 달라졌다. 민주정치에는 어느 정도 경쟁이 존재해야 서로 견제도 되고 균형 잡힌 정책을 수행할 수 있다. 이런 점에서 최근 두 번의 지방선거가 모두 어느 한 정당의 완승 또는 완패로 마무리 된 것은 아쉬운 대목이다.

우리 지방선거에서 이런 '싹쓸이' 현상이 나타나는 가장 큰 이유는 중앙정치가 과도하게 지방정치를 압도하여 지방정치의 자율성과 독자성이 상실되었기 때문이다. 4년 전 선거에서는 '대통령 탄핵'이라는 이슈가, 이번에는 '민주당의 오만'이라는 요소가 지방선거의 판을 지배했다. 모두 지방의 문제와는 직접적 관련이 없는 중앙정치의 사안들이다. 지방선거에 출마한 대부분의 후보들도 여야 할 것 없이 중앙과의 관계설정을 가장 중요한 선거구호로 내세운다. 정작 지역의 중요한 이슈들은 선거의 큰 쟁점이 되지 못하거나 곁가지로 거론될 뿐이다. 지방선거임에도 불구하고 지역발전에 대한 치열한 논쟁과 대안 제시 없이 오직 중앙정부에 대한 지지 아니면 견제를 외치는 목소리만 난무하는 선거가 되고 말았다.

역사적으로 지방선거는 지방분권과 지방자치의 상징이며, 중앙으로부터의 정치적 독립을 구현할 수 있는 핵심적인 제도이다. 하지만 우리의 지방선거는 역설적으로 지방이 중앙으로 예속되는 통로로 전락하고 있다. 지방선거에서 지방이 중심이 되지 못하고 중앙의 들러리에 그치고 있는 것이다. 지방자치의 역사가 30년이 넘었지만 우리의 지방정치는 여전히 이런 현상을 해소하지 못하고 있다. 이로 인해 우리의 풀뿌리 민주주의는 개화도 못한 채 고사되고 있는 실정이다.

우선 지방선거의 정당공천제를 제한할 필요가 있다. 이는 수년 전부터 주장되어 왔으나 기성 정당들의 반대로 실현되지 못하고 있다. 지방의 일꾼을 선택하는 지방선거에 중앙의 정당이 공천권을 독점적으로 행사하는 것 자체가 지방선거의 본질을 훼손하는 것이다. 우선 지방의원부터라도 정당공천제를 폐지하고 점차 이를 확대해 나갈 필요가 있다. 또한 정당공천제 폐지전이라도 기존 정당들은 지역이슈에 지속적인 관심을 가지고 정책역량을 강화하는 노력을 기울여야 한다. 여야 할 것 없이 정당 모두 지역수준에서의 정책역량은 너무도 미미한 수준에 머물고 있다. 평소에는 중앙당의 공천을 받기 위해 중앙에만 시선을 두다가 선거 때만 되면 그때서야 부랴부랴 공약을 개발한다고 이것저것 끌어 모으는 행태는 지역문제 해결에 아무런 도움이 되지 않는다. 지역공약이 부실하니 중앙과의 관계만 강조하는 선거가 될 수밖에 없다.

더 나아가 특정지역을 중심으로 활동하며 지방선거에만 참여하는 '지역정당local party'을 허용할 필요가 있다. 이미 유럽과 일본 등에서 시도되고 있는 지역정당은 지역을 중심으로 활동하며 지역문제에 집중하는 정당으로서 지방분권 활성화, 주민의 정치참여 확대 등에 기여하고 있는 것으로 평가되고 있다. 예컨대 '울산발전당'이란 지역정당이 있다면 오로지 울산문제에 집중하여 주민들의 의견을 수렴하고 대안을 모색하는 정당이 될 것이다. 당연히 지방선거에 후보를 내서 주민들의 지지를 획득하는 활동도 할 것이다. 하지만 우리나라 정당법은 지역정당의 출현을 원천적으로 막고 전국적인 정당만을 인정하고 있다. 대다수의 전문가들은 지방자치 발전을 위해서는 지역정당 제도를 도입하는 것이 필수적이라는 점에 공감하고 있으나 이 역시 기득권 정당들의 비협조로 가로막혀 있다.

지방선거를 수차례 실시했지만 지방선거가 중앙의 진영논리에 예속되는 정도는 더욱 가속화하고 있다. 말로는 지방분권과 지방자치를 외치고 있지만 지방 스스로조차도 중앙정부의 국고지원이나 정치적 협력만을 강조하고 있다. 중앙정치는 자신들의 정치적 편의와 영향력 유지를 위해 지방을 더욱 컨트롤하려고 한다. 결국 중앙정치의 획일적인 진영논리가 지방선거까지 장악하면서 '지방'이 사라지고 있다. 지방의 다양성과 역동성을 살리는 동시에 지방정치의 자율성과 독자성을 제고할 수 있는 제도 마련에 미온적인 정치권의 통렬한 반성이 필요하다.

울산시의회의 역할과 책임

지방의회는 헌법에 설립근거를 둔 기관이다. 우리나라 헌법 제118조는 지방의회를 규정하고 있다. 이는 그만큼 지방의회의 역할과 책임이 크다는 것을 의미한다. 사실 지방의회는 조례제정, 예산심의, 행정사무 감사 등 지방정부의 행정활동을 견제하고 주민들의 의사를 정책에 반영하는 막중한 권한과 책임을 지고 있다. 최근들어 지방분권을 강화하는 개헌이 논의 되고 있어서 지방의회는 앞으로 더욱 중요한 역할을 할 가능성이 크다. 그럼에도 불구하고 지방의회에 대한 주민들의 평가는 기대 이하이다. 지방의회가 구성된 지 벌써 30여년이 다되었지만 여러 문제점들이 여전히 되풀이 되고 있다. 어떤 제도든지 30여년이 되면 학습효과를 통해 부정적 요소는 걸러지고 긍정적 요소는 강화되어 자연스럽게 정착되고 발전되는 것이 상례인데, 우리의 지방의회는 예나 지금이나 큰 변화가 없다. 울산시의회도 역시 마찬가지이다. 언론을 통해 수차례 지적된 바와 같이 의원들 간의 다툼, 폭력행사, 전문성 부족 등 시민들을 실망시키는 있이 되풀이 되고 있다.

근본적으로 지방의회는 지역주민들의 대표기관이다. 주민들이 필요로 하는 사안을 발굴하여 이슈화하고 주민들의 이익에 도움이 되는 정책을 선도해야 한다. 이른바 정책주창자policy advocate로서의 역할이다. 또 주민들의 대표기관으로 집행부를 감독하는 역할을 수행해야 한다. 집행부의 불필요한 지출, 무리한 정책추진을 견제하여 주민들의 소중한 세금을 수호해야 하는 것이다. 그런데 울산시의회가 울산발전에 필요한 정책을 주도적으로 개발하고 결정한 적이 있는가, 더 나아가 집행부를 효과적으로 견제하여 설익은 정책을 중단시키거나 예산감시를 통해 주민들의 재산을 제대로 지킨 적이 있는가. 이에 대해 긍정적인 평가를 하는 시민들은 아마도 극소수일 것이다.

지방의회가 현 상태를 유지하는 한 앞으로 지방분권이 강화되어도 기대하는 성과를 거두기는 쉽지 않을 것이다. 오히려 더 큰 문제를 야기할 수도 있다. 지방분권을 통해 입법권과 재정권 등이 지방정부에 이양되는 경우 가장 중요한 역할을 해야 하는 기관이 바로 지방의회이다. 그런데 과연 지방의회가 입법권 행사에 필요한 전문성을 가지고 있는가, 철저한 예산 심의를 통해 주민들의 세금을 지켜줄 수 있는가, 더욱 강력해질 단체장의 권력을 견제할 수 있는가, 이 세 가지 질문에 자신 있게 답할 수 있는 지방의회는 울산을 포함하여 우리나라 어디에도 존재하지 않는 것이 현실이다.

지방의회의 제대로 된 역할을 의원 개개인들의 노력에만 맡길 수는 없다. 지방의회의 역량을 제고할 수 있는 제도적 방법을 찾아야 할 것이다. 울산지역을 고려하면 다음 두 가지가 중요하다. 우선 지방의회의원 후보의 정당공천제를 폐지해야 한다. 울산에는 세계적인 기업에 몸담고 글로벌 경쟁을 경험한 사람을 비롯해 다양한 분야에서 업적을 쌓은 사람들이 많다. 그렇지만 지역주의를 기반으로 한 정당운영의 이너서클inner circle에 이런 사람들이 들어갈 틈이 없다. 어느 정당이나 매 선거마다 예전 그 사람 또는 매우 한정된 이너서클에서 추천된 사람들이 후보로 등장한다. 새롭고 유능한 인물이 지역정치에 발을 들여 놓기에는 지역주의 이너서클의 장벽이 너무 크다. 기존 지역정치의 틀을 벗어나 인적쇄신을 도모하기 위해서는 정당공천제가 하루 빨리 폐지되어야 한다. 다음으로 직접민주주의 방식을 확대해야 한다. 주민의 대표로서 시의회가 제대로 역할을 못하고 있으므로 주민들이 직접 나설 수 있는 공간을 넓힐 수밖에 없다. 주민들에게도 조례발안권이 부여되어야 하며, 일을 제대로 하지 않는 시의원들을 제재하기 위해 주민소환제를 더욱 강화할 필요가 있다.

물론 현 시의회 의원들이 당파적 이해를 버리고, 지방의회 본연의 자세로 돌아가 오로지 지역주민들의 이익만 생각하며 의정활동을 하는 것이 가장 우선되어야 할 것이다. 마침 시의회에서 행정사무감사와 예산심의가 열리는 정례회의 일정이 진행 중이다. 이번에는 울산시의회가 헌법에 설립근거를 둔 기관답게 변화된 모습을 보여 주기를 기대한다.

* 제8대 울산시의회는 더욱 더 한심한 모습을 보여주고 있다. 후반기 의장선출과정에서 다수당인 국민의힘 의원들끼리 분쟁이 발생하여 시의회 의장이 존재하지 않는 상황이 수개월째 이어지고 있다. 선출과정에서의 오류를 지적하며 서로 자기가 의장이 되어야 한다고 소송전을 벌이고 있기 때문이다. 보다 못해 같은 당의 울산 국회의원들이 개입했지만 분쟁이 해소되기는 커녕 더욱 악화되고 있다. 하지만 시민들은 이에 대해 관심도 별로 없고, 지역 언론도 비중 있게 다루지 않고 있다. 그동안 울산시의회의 역할 자체가 미미했기 때문에 시민들은 시의회에 대한 기대를 접은 것으로 보인다. 울산시의회는 의장이 존재하는지, 또는 누가 의장인지와 무관하게 이미 시민들의 머릿속에서 지워진 기관으로 전락한 것 같다.

교육감선거도 있다

지방선거를 둘러싼 경쟁이 치열하게 전개되고 있다. 정권이 교체되어 새 정부가 들어섰지만 아직 경기는 끝나지 않았다. 마치 격렬한 전반전을 마치고 후반전을 준비하고 있는 축구경기를 보는 느낌이다. 이 격전 속에 상대적으로 시민들의 주목을 받지 못하는 선거가 있다. 바로 교육감선거이다. 심지어 지방선거에서 교육감도 선출하느냐고 반문하는 사람들도 있다. 시민들의 관심은 주로 시장이나 구청장 선거에 집중되어 있다. 교육감선거는 교육의 정치적 중립을 위해 정당이 개입할 수 없어서 정당공천 과정도 없고 정당 간 경쟁도 존재하지 않는다. 언론의 주목도 낮고 보도 건수도 상대적으로 적다.

하지만 교육감은 지역의 교육분야 수장으로서 울산교육에 막대한 영향을 미치는 존재이다. 교육감은 교육관련 조례안과 규칙제정, 교육기관의 설치와 이전 및 폐지, 교육과정 운영은 물론이고, 교육관련 예산집행권과 교원 및 행정직원에 대한 인사권을 가지고 있다. 교육감이 가지고 있는 정책재량policy discretion의 범위는 시장보다 더 넓고 크다고 할 수 있다. 교육에 관한 대부분의 권한은 교육감에 집중되어 있으며, 이를 매우 독립적으로 행사할 수 있다. 결국 교육감이 누구인가에 따라 지역의 교육은 그 내용과 방법 면에서 크게 달라질 수밖에 없다. 그래서 교육감선거가 중요하다. 이를 두 가지 측면에 국한시켜 살펴보자.

우선 교육감은 학생들의 학습역량을 제고시킬 책임을 지고 있다. 부존자원이 거의 없는 우리나라에서 교육을 통한 인재의 양성은 예나 지금이나 국가의 가장 높은 우선순위의 하나로 자리 잡고 있다. 그런데 어느 시기부터인지 학습의 상당 부분을 사교육이 차지하고 정작 공교육은 껍데기만 남은 상황이 되었다. 4차 산업을 위한 인재 양성을 추구한다고 하지만 교육 현장의 혁신과 변화는 여전히 요원하다. 공교육을 담당하고 있는 학교에 대한 학부모들의 만족도는 아직도 기대에 미치지 못하고 있는 것이 사실이다. 세계 최고수준의 엄청난 사교육비가 이를 증명한다. 교육감은 공교육만으로도 학생들의 학습역량을 충분히 키울 수 있는 여건을 만들어 내야 할 책임이 있다.

학교교육은 인성의 함양에도 중요한 역할을 한다. 어린 시절 하루 중 가장 많은 시간을 보내는 곳이 바로 학교이다. 선생님의 말씀을 듣고 또 친구들과 어울리며 세상을 보는 안목을 키우고 사회에 대한 이해를 넓히는 것은 학교생활의 소중한 산물이다. 특히 어린 시절에 들은 선생님의 한마디는 이후 인생에서 각별하게 기억되는 경우가 많다. 그만큼 학교는 한 개인의 가치관과 세계관의 형성에 큰 영향을 미치는 곳이다. 교육감은 학생들이 우리 역사와 사회에 대해 균형 잡힌 시각을 갖고, 민주사회에 걸맞는 시민의식과 가치관을 체득할 수 있는 교육을 시행해야 한다.

결국 우리 아이들이 어떤 교육을 받을 것인가는 교육감 선거에 좌우될 수밖에 없다. 조금 과장하면, 미래세대의 실력과 태도 형성은 교육감에 달려 있다. 그래서 울산의 공교육을 통해 학습역량을 제고하고, 우리사회에 적합한 가치관을 함양하는데 기여할 수 있는 후보는 과연 누구인지 면밀하게 평가해 보아야 한다. 특히 교육정책은 이념적 지향에 따라 상당히 큰 편차를 보인다. 이른바 보수우파 또는 진보좌파 성향에 따라 전혀 다른 접근을 시도하는 것이 보통이다. 이것은 흔히 교육의 수월성과 평등성 중 어느 것을 강조하느냐에 의해서도 구분되는데, 보통 좌파성향은 평등성을 강조하고 우파성향은 수월성을 강조하는 경향이 있다. 울산의 교육정책이 어떤 교육이념에 기반을 둘 것인가는 바로 시민들의 선택에 달려 있다.

교육감의 임기는 4년이지만 그가 담당할 교육정책의 영향은 수십년 이상 울산의 미래를 좌우할 수 있다. 우리의 아이들에게 어떤 교육을 받게 할 것인가를 선택하는 것은 바로 우리의 미래를 선택하는 것과 마찬가지이다. 교육감선거에 관심을 가지지 않으면 안 되는 이유이다.

공약을 이유로 한 '정책강제'

공약은 선거과정에서 유권자들의 지지를 받기 위해 후보들이 '정책 보따리'를 제시하는 것이다. 이 보따리 속에는 선거에 승리하기 위해서 다소 무리하고 대중영합적인 내용이 포함될 수밖에 없다. 또 공약은 타당성과 파급효과에 대한 면밀한 검토 없이 단기간에 급조되는 경향이 강하다. 뿐만 아니라 이런저런 내용을 모두 포괄하여 집대성 하는 경향이 있기 때문에 짜깁기와 베끼기도 많은 것이 사실이다. 그런데 언제부터인가 중앙정부, 지방정부 할 것 없이 공약을 근거로 정책을 일방적으로 추진하는 경우가 자주 발생하고 있다. 그저 공약이라는 이유로 대규모 예산이 소요되거나 사회적 갈등이 예상되는 정책, 또는 불요불급한 정책들을 신중한 검토 없이 밀어 붙이는 경우를 흔히 볼 수 있다.

송철호시장은 국제영화제를 추진하고 있다. 이 시기에 뜬금없이 왜 국제영화제인가. 출발은 시장의 공약이다. 울산시 홈페이지를 보면, 31개 공약, 97개 세부사업 중 74번째가 '국제환경영화제 개최'이다. 울산시는 이 공약의 실현을 위해 외부기관에 용역을 주어 세부사업계획을 수립하도록 하고, 몇 차례의 보고회와 자문회의를 거쳐 결국 국제영화제를 개최할 예정인 것으로 알려졌다. 그런데 이미 울산에는 울주군이 개최하는 세계산악영화제가 있다. 처음에는 인지도가 낮았으나 영남알프스라는 지역적 특성을 담아 나름대로 특색 있는 영화제로 발전하고 있는 것으로 평가되고 있다. 또한 전국에서는 매년 수 십 개의 영화제가 열리고 있으며, 주제도 환경, 여성, 자연 등 더 이상 새로운 의미를 가진 영화제를 찾을 수 없을 정도로 다양한 영화제가 열리고 있다. 이런 상황에서 굳이 울산에 국제영화제를 하나 더 추가한들 '문화도시 울산', '관광도시 울산'에 얼마나 기여하겠는가. 더구나 울산시는 얼마 전 울산지역에 난립한 축제들을 축소·정리하겠다는 계획을 밝힌 바가 있다. 그런데 기존 울주 세계산악영화제가 막 자리를 잡아 가는 이 시점에 굳이 공약 추진을 위해 30억이라는 적지 않은 예산을 쓰면서 새로운 국제영화제를 시행할 필요가 있는지 의문이다.

울산시가 국제영화제를 공약이라는 이유로 당연한 듯이 정책으로 채택하고 실행하는 것은 일종의 '정책강제'이다. 공약은 정책의 제policy agenda에 불과하고 이의 공식정책화 여부는 보다 심도 있는 접근과 민주적 여론 수렴 절차가 필요하다. 이런 과정을 생략한 채 국제영화제 개최를 기정사실화 하고 곧 바로 구체적인 세부사업화 작업에 돌입 한 것은 기관장의 공약은 곧 정책이라는 일방적 사고가 지배하기 때문이다.

물론 공약을 실천하는 것은 매우 중요하다. 후보자의 공약 내용과 실천 정도를 따져보는 매니페스토manifesto 운동은 우리나라 선거문화의 긍정적인 변화에 크게 기여한 것이 사실이다. 하지만 공약의 실천은 공약 자체의 바람직함이 전제되어야 한다. 선거를 위해 마구잡이로 끼워 넣은 공약까지 실천되어야 하는 것은 아닐 것이다. 이러한 점에서 울산시가 추진하는 국제영화제는 재고再考되어야 할 것이다. 과연 이 시점에서 울산에 국제영화제가 필요한 것인지 더욱 철저하고 객관적인 기준으로 재검토하기를 바란다. 지금까지 논의는 국제영화제 개최를 전제로 하고 주로 세부사항에 대한 의견 수렴을 진행하고 있는 것으로 보인다. 보다 근본적으로 과연 정체성도 불분명하고 차별성도 뚜렷하지 않은 국제영화제를 개최할 필요성이 있는가에 대한 진지한 논의가 필요하다. 국제영화제 관련 예산을 심의해야 하는 시의회는 물론, 언론과 시민단체를 포함한 시민사회에서도 이 사안에 대해 관심을 기울여 주기를 바란다.

선거운동을 위해서는 조금 무리하거나 현실성이 낮은 공약을 포함시킬 수도 있다. 하지만 당선 후에는 책임 있는 최고 정책결정권자로서 정책의 타당성과 실현가능성에 대한 객관적 접근을 통해 공약의 옥석을 가릴 필요가 있다. 더욱 중요한 것은 비록 유권자들의 지지를 받아 당선되기는 했지만 후보자가 제시한 공약을 모두 정책으로 실현해도 된다는 것을 허락한 것은 아니라는 사실이다. 공약을 이유로 한 '정책강제'를 탈피하기 위해서 울산 국제영화제의 필요성에 대한 사회적 공론화가 진행되기를 기대한다.

* 2021년 12월 우여곡절 끝에 '청년의 시선, 그리고 그 첫걸음'이라는 주제로 제1회 울산국제영화제가 개최되었다. 하지만 2022년 들어 기존의 울주 세계산악영화제와 통합하여 폐지하는 것으로 결정되었다. 단 1회 개최 후 1년 만에 폐기된 것이다. 시장의 공약은 지켜졌지만 별 의미 없는 1회성 이벤트로 끝이 난 셈이다. 1회를 개최되고 폐지된 울산국제영화제, 기네스북에 오를만한 기록이다. 이와 같이 공약이라는 이유만으로 의미 없는 정책이 시행되는 경우가 너무도 많다. 이로 인한 사회적 손실은 모두 주민들 몫이다.

현금보다 정책

중앙정부와 지방정부의 현금지원이 급속히 늘고 있다. 코로나로 인한 국민들의 팍팍한 현실을 생각하면 어느 정도 이해되는 측면도 있다. 일본 등 다른 나라에서도 여러 명목으로 현금성 지원을 하는 경우를 볼 수 있다. 하지만 우리 정부의 현금지원 규모의 증가속도와 지원 대상을 보면 우려가 되지 않을 수 없다.

정부가 동원 가능한 자원에는 한계가 있다. 국민들이 부담할 수 있는 조세규모는 정해져 있으며, 이를 초과하여 지출하는 경우에는 국가가 빚을 낼 수밖에 없다. 그래서 국가는 국민들로부터 거둬들인 재원을 가급적 효율성과 형평성에 맞게 지출하는 것이 국가예산 운용의 대원칙이라고 할 수 있다. 주지하다시피 우리나라의 예산규모는 최근 몇 년 사이 급격히 증가하였다. 문재인 정부가 출범한 2018년에는 430조 정도였던 예산이, 2022년에는 607조에 달할 정도로 팽창하였다. 국가채무도 이미 1,000조원을 초과하였다.

그럼에도 불구하고 정부는 효율성과 형평성 측면에서 큰 문제를 안고 있는 현금성 지출을 계속 늘려가고 있다. 간접적으로 현금을 지원하는 지역화폐(이것을 화폐라고 부르는 것도 사실 어불성설이다) 발행규모가 2019년 2조, 2020년 6조에서 내년에는 30조원 규모로 늘어난다. 불과 3년 사이에 15배나 증가하는 것이다. 울산시도 재난지원금 명목으로 올해 2월 기초자치단체와 함께 가구당 10만원씩을 지급했으며, 연말에는 주민 1인당 10만원씩의 지원금을 추가 지급할 예정이다. 또한 청년들에게 50만원의 수당을 지급하는 계획도 발표하였다.

물론 이러한 현금지원이 어려움을 겪고 있는 지역의 영세상공인, 자영업자, 그리고 청년들에게 어느 정도 도움이 될 수 있을 것이다. 하지만 소상공인들을 위해서는 지역화폐나 재난지원금보다는 이들에 대한 직접적인 지원이 더 바람직할 것이다. 청년들을 위해서도 1회성 현금지급보다는 안정적으로 수입을 확보할 수 있는 일자리를 마련해 주는 것이 더욱 절실하다. 이러한 정책을 시행하기 위해서는 단순히 현금을 나눠주는 것보다 더욱 정교하고 구체적인 정책설계가 필요하다. 시기적으로도 급한 불을 끄기 위한 단기적인 대책과 장기적인 관점에서 대비해야 할 것을 구분하여 전략적으로 접근하는 것도 필요할 것이다. 코로나가 우리를 덮친 지 2년이 다되어 가고 있다. 그럼에도 불구하고 임기응변식의 선심성 현금지원만 경쟁적으로 늘어나고 있다. 가장 큰 이유는 정책역량이 부족하기 때문이다. 여기에 더해 근본적인 문제해결보다는 선거를 의식한 정치적 관점으로 접근하면서 상황이 더욱 악화되고 있다.

울산시는 1인당 10만원 지급에 소요되는 예산 1134억 원을 정부 교부금 증가분 등으로 충당할 예정이라고 한다. 소득 수준에 상관없이 누구에게나 10만원을 지급하는 것이 지금 울산에서 가장 절박한 사안을 해소하는데 어떤 도움을 줄 수 있을지 의문이다. 지난 4년간 지방채 발행액이 3300억 원에 달하는 울산시가 1000억이 넘는 규모의 혈세를 이렇게 한 방에 날려버리는 것은 누가 봐도 선거를 의식한 정치적 결정이다. 하지만 시민들은 1회성 현금지급보다는 울산에 가장 필요한 정책에 투입하는 것이 책임 있는 정부의 모습이라고 생각할 것이다. 예를 들면, 울산 경제의 한 축을 맡고 있는 자동차 부품업체들이 코로나로 인해 문을 닫는 사례가 늘고 있는데, 이들을 소생시키는데 사용할 수 없는가. 청년들에게 50만원을 지급하기보다는 청년들이 희망을 가지고 울산에서 살아갈 수 있는 미래 지향적 투자를 만들어 낼 수는 없는가. 또 팬데믹 시기에 가뜩이나 열악한 공공의료 인프라 확충에 쓸 수는 없는가.

중앙정부나 지방정부 할 것 없이 채무가 증가하고 있다. 그럼에도 불구하고 이런저런 명목을 붙여서 일회성 현금지원은 계속 늘어나고 있다. 정부는 현금을 지급하면서 생색을 내고 있지만 정작 그 부담은 현재의 2030 세대에게 돌아갈 수밖에 없다. 기가 막힌 '불편한 진실'이다. 울산시는 단순한 현금성 지원을 멈추고, 그 재정이 피해계층에 대한 직접적 지원과 미래지향적 사업에 투입될 수 있도록 합리적인 정책을 설계하기 바란다.

동남권 신공항, 울산은 들러리인가

지방자치 이후 중앙정부와 지방정부 간, 또는 지방정부 간 갈등과 협력은 불가피한 현상이다. 지역경제, 교통, 환경 등 지역의 문제를 해결하기 위해서는 정부 간 협력이 필수적이다. 물론 이 과정에서 발생하는 비용과 편익의 분담을 둘러싸고는 상당한 갈등이 야기될 수 있다. 이는 어느 지방정부나 자기 지역 주민들이 부담하는 비용은 최소화 하고 누리는 혜택을 최대화 하려고 하기 때문이다. 그런데 동남권 신공항을 둘러싸고 전개되는 상황을 지켜보면, 과연 울산시가 지역주민들의 요구와 이익을 제대로 반영하고 있는지 짚어볼 필요가 있다.

동남권 신공항 문제는 2006년 노무현 정부에서 처음 시작되었다. 대구-경북이 지지한 밀양과 부산-경남이 지지한 가덕도가 대립하는 등 10년을 끌어오는 우여 곡절 끝에 2016년, 부산 울산 경남 대구 경북 등 5개 지자체가 합의하여 현재의 김해공항을 확장하는 안이 확정되었다. 일단락되었던 신공항 문제는 2018년 6.13

지방선거 때 당시 부산시장이 가덕도 신공항을 선거공약으로 내세우면서 다시 이슈화됐다. 2019년 들어 문재인 대통령이 부산을 방문하여 김해신공항 문제의 국무총리실 검증을 약속하였다. 이로 인해 기존 김해공항 확장안이 사라지고 부산이 주장하던 가덕도 신공항 건설안이 다시 부상하였다. 그 이후 지방선거와 총선 그리고 대선을 거치면서 가덕도 신공항은 기정사실화 되었고, 2021년 2월에는 '가덕도 신공항 건설 특별법'까지 제정되었다. 더구나 2030 부산 엑스포 유치전이 가열되면서 완공 시점도 2029년으로 앞당겨졌다. 하지만 공사를 위한 시공사 선정 입찰에 계속 실패하면서 미래가 불확실하게 되었다. 당초 안이었던 김해공항 확장공사는 2026년에 준공 예정이었지만 가덕도에 들어설 영남권 관문공항은 언제 완공될지 모르는 상황에 빠져버렸다.

이제 가덕도 공항은 변경할 수 없는 정책대안으로 확정되었지만 그 과정에서 울산시가 보인 태도는 다시 짚어 볼 필요가 있다. 사실 울산은 부산이나 대구에 비해 영남권 신공항에 대해 유연한 태도를 가지고 있었다. 밀양이나 가덕도 모두 괜찮으니 빨리 관문공항이 들어서서 서울을 거치지 않고 유럽이나 미국으로 여행을 했으면 하는 것이 울산시민들의 신공항에 대한 인식이자 바램이었다. 다만 이동거리 등을 감안하여 밀양을 지지하는 여론이 다소 앞섰던 것으로 기억한다. 그런데 다분히 선거를 의식한 정치적인 이유로 영남권 관문공항 재검토를 이슈화 한 부산시장의 주장에 울산시장이 선뜻 동조하고 나선 것은 이해하기 힘들다. 어차피 정치적인 논리로 이슈화가 진행되고 있는 만큼 부산시장이야 부산의 이익을 위해서 김해신공항의 백지화를 주장할 수도 있을지 모르겠다. 하지만 울산시민의 이익을 수호해야 할 울산시장의 입장은 달라야 할 것이다. 김해공항 확장안의 백지화는 관문공항 건설을 상당기간 지연시킬 수밖에 없고, 이로 인해 울산시민들이 겪어야 할 불편 또한 커지고 장기화 되고 있기 때문이다.

김해공항 확장 백지화는 이른바 '부·울·경 동남권 관문공항 검증단'의 재평가를 통해 도출된 결론이었다. 그런데 부산을 지역구로 하는 국회의원이 단장인 이 검증단에 울산시를 대표하여 참석한 사람이 누구이며, 이들이 어떠한 기준으로 울산시민의 입장을 평가에 반영하여 이런 결과가 나온 것인지 전혀 알려진 바가 없다. 지금이라도 당시 울산시장이 왜 김해공항 확장안을 반대하고 가덕도 공항을 지지했는지 그 논리와 근거를 시민들에게 소상히 제시하고 설명할 필요가 있다. 이미 결정된 정책을 폐기하거나 변경할 때는 그 사유를 분명히 밝히고 시민들에게 동의를 구하는 절차를 밟는 것이 민주적 정책과정의 기본이기 때문이다. 더구나 가덕도는 김해에 비해 울산시민의 입장에서 유리한 지역도 아니다.

지방정부 정책결정의 가장 중요한 기준은 정치적인 논리가 아니라 지역주민의 이익이 되어야 한다. 이런 점에서 울산시가 주도적으로 영남권 신공항의 최적 입지에 대한 체계적인 분석을 시도하고 이를 바탕으로 시민여론을 수렴한 다음, 울산시민의 관점에서 신공항 입지에 대한 분명한 입장을 밝히는 것이 정도正道였을 것이다. 적어도 울산시장이라면 울산시민이 이용하기에 가장 유리하고 편리한 지역을 자율적으로 선정하고 이를 실현시키기 위해 노력하는 모습을 보였어야 했을 것이다. 울산에서는 동남권 관문공항 입지 문제가 부산이나 대구에 비해 상대적으로 큰 이슈가 되지 못하고 있는 상황이다. 만일 울산시장이 이런 분위기에 편승하여 정치적인 이유로 부산시장의 주장에 동조한 것이었다면, 울산을 부산의 들러리로 전락시켰다는 비판에서 자유롭지 못할 것이다.

지역발전을 위한 정책방향

지방이 소멸되고 있다는 경고가 커진지 오래이다. 지방분권과 균형발전을 주요 국정목표의 하나로 표방했던 문재인 정부 들어 지방과 수도권의 격차는 오히려 더욱 크게 벌어지고 있다. 울산도 이제 산업수도라고 내세우기도 민망할 정도로 지역경제가 어려움을 겪고 있다. 인구도 감소하여 광역시 지위마저 위태로운 지경이다. 펜데믹 와중에서 임기가 끝나가는 중앙정부는 지방의 아득한 현실에까지 신경 쓸 여유가 없다. 개인의 영역에서만이 아니라 지역 차원에서도 각자도생各自圖生의 길을 모색하지 않으면 안 되는 상황이다.

그러면 어떻게 할 것인가? 두 가지 방향에서 논의해보자. 우선 내부적으로, 울산발전을 위해서는 무엇보다 울산지역에 우수한 인재들이 모여 들어야 한다. 우수한 전문인력은 지역발전의 필수요소이다. 기업들이 수도권에 투자하는 이유는 필요인력의 수급이 용이하기 때문이다. 전문인력은 지역의 대학과 연구기관에 있다.

그래서 어느 나라나 지역의 발전은 지역의 대학과 기업이 힘을 합쳐서 이뤄내고 있는 것이 현실이다. 울산시가 미래산업으로 추진하고 있는 수소경제, 해상풍력 등도 울산에 이와 관련된 전문인력이 없었다면 논의 자체가 불가능했을 것이다. 결국 우수한 대학의 존재 여부가 지역발전의 핵심 관건이 된다. 지방분권과 균형발전을 이루고 있는 선진국의 경우 예외 없이 지역에 우수한 대학들이 건재하고 있다.

울산시는 이미 경쟁력을 잃은 타지역의 대학을 유치하려고 노력할 것이 아니라, 울산지역에 있는 기존 대학들에 대한 지원과 함께 대학－기업－정부 등 3자가 다양한 네트워크를 형성하여 지역발전과 혁신에 기여하는 '트리플 헬릭스 모델triple helix model'을 구축하는데 관심을 기울였으면 한다. 이를 통해 지역대학에서 기업에 필요한 인재를 육성하고 연구개발 결과를 제시하여 기업의 혁신과 성장을 도모하고, 지방정부는 전반적인 지원전략을 수립·이행하는 선순환 구조를 마련하면, 지역은 자연스럽게 발전하게 될 것이다.

다음으로 외부적으로는, 울산 인근의 지방정부들과의 협력관계를 더욱 긴밀하게 유지 · 발전시킬 필요가 있다. 도시문제의 상당부분은 광역적 성격을 가지고 있어서 울산 혼자만의 노력으로는 해결되기 어려운 것들이 많다. 환경, 상수원, 교통 등 여러 분야에서 부산, 경남 등 지역 간 협력의 필요성이 증대하고 있다. 또한 비대해진 수도권에 대응하여 균형발전을 도모하기 위해서도 동남권을 하나로 묶어 광역권을 형성하여 수도권 1극체제를 극복하는 것이 필요하다. 이와 관련해서는 이미 '부울경 메가시티mega city' 논의가 상당히 진전되어 있다. 특히 지방자치법 개정으로 특별지방자치단체 구성에 관한 법적 근거가 마련되어 부울경 협력체제 구축은 전국적인 관심대상이 되고 있다.

메가시티 구상의 핵심은 인근 도시들 간의 다층적 네트워크를 구축하여 기능적으로 연결된 대도시를 형성하는 것이다. 메가시티 플랫폼이 성공적으로 구축된다면, 부울경 지역이 경쟁을 하면서도 서로 비교우위가 있는 분야를 보완적으로 연계하여 서로 윈윈하는 결과를 거둘 수 있을 것이다. 다만 이 네트워크에서 지리적으로 동북쪽에 치우쳐 있는 울산이 중추적인 역할을 수행할 수 있을 것인지에 대한 우려가 제기되고 있다. 그만큼 메가시티 구상은 울산 발전의 계기도 될 수 있지만 그에 못지않게 리스크도 큰 것이 사실이다. 부울경 메가시티 추진에 있어서 보다 신중하고 전략적인 접근이 필요한 이유이다.

울산을 비롯한 전국의 지방들이 예외 없이 어려움을 겪고 있다. 인구감소로 인한 지방소멸의 위기가 현실로 다가오고 있다. 단기적인 처방으로는 해소될 수 없다. 좀 더 긴 안목에서 지역의 대학을 지역발전에 필요한 인재육성과 연구개발의 메카로 발전시키고, 인접한 지방정부들 간의 협력을 통해 점진적으로 지역의 역량을 키워 나가는 노력이 필요한 시점이다. 다음 대선과 지방선거를 앞두고 이와 관련된 논의가 더욱 심도 있게 진행되기를 기대한다.

‘부울경 메가시티’, 울산의 어젠다는 무엇인가?

지역 통합 논의가 한창이다. 대구 · 경북에서 시작된 통합 논의가 광주 · 전남을 거쳐 부산 · 울산 · 경남으로 이어지고 있다. 같은 지역통합 논의이지만 인구 800만의 부울경 통합은 약간 결이 다른 측면이 있다. 대구와 광주에서의 통합은 소멸해 가는 지역을 살리기 위해 생존 차원에서 진행되는 것이라면, 부울경 통합은 이에 더해 수도권에 맞서려는 자존심도 포함되어 있다. 인구나 경제규모 면에서 수도권에 필적할 수 있는 지역은 부울경이 유일한 것이 사실이다. 정치적으로도 대통령을 여러 명 배출한 PK의 영향력은 작지 않다. 그만큼 동남권 메가시티 논의는 전국적인 관심사가 되고 있다. 마침 최근 지방자치법 개정으로 특별지방자치단체를 구성할 수 있는 법적 근거도 마련되어 부울경 메가시티 구축을 위한 제도적 기반이 조성되었다. 이에 따라 부산과 경남은 가덕도 신공항 건설과 광역교통망 구축 등 나름대로 지역발전의 계기로 삼을 수 있는 아젠다를 던지며 부울경 메가시티 추진에 박차를 가하고 있다.

그런데 울산은 어떤가. 부울경의 협력과 통합 논의에서 울산이 주도적으로 제시하고 있는 아젠다가 보이지 않는다. 지역이 통합 또는 협력하여 경제적, 정치적 영향력을 키우는 것은 결국은 지역 주민들의 삶의 질을 개선하고 지역의 생활 여건을 개선하는데 있다. 그렇다면 메가시티의 장밋빛 전망만을 던질 것이 아니라, 울산이 메가시티의 한 축으로서 구체적으로 얻을 수 있는 것이 무엇인지, 또 이를 위해 울산이 주도적으로 추진할 과제가 무엇인지에 대해 전략적인 논의가 선행될 필요가 있다.

부산과 경남은 지방정부와 정치권은 물론 지역 시민단체, 학계, 언론계 등이 거버넌스를 구축하여 자신들의 목소리를 적극적으로 내고 있다. 이에 반해 울산은 부산·경남의 주장에 소극적으로 동조하는 어정쩡한 태도를 취하고 있다. 지역의 국회의원, 울산시 의회를 비롯한 지방의회, 심지어 시민단체까지 모두 부울경 통합과 협력에 대해 뚜렷한 목소리를 내지 못하고 있다. 그저 부산 · 경남이 주장하는 대로 따라가겠다는 것인지, 아니면 부산 · 경남의 들러리로 만족하겠다는 것인지 알 수가 없다.

울산이 인구나 정치적 영향력 면에서 두 지역에 비해 뒤지는 것이 사실이지만 울산이 가지고 있는 경제적 이점과 역량을 살려서 지역 협력의 이슈를 좀 더 선도해 나가려는 적극적인 자세가 필요한 시점이다. 지역의 정치권, 싱크탱크들도 부울경 메가시티에서 울산이 지향해야 할 담론 형성에 보다 더 능동적으로 나서야 할 것이다. 무엇보다 지역협력과 통합을 위해서는 시민들의 공감대 형성과 적극적인 지지가 우선되어야 한다. 따라서 울산시는 지금이라도 부울경 메가시티에 대한 울산시의 입장을 시민들에게 소상하게 설명하고, 시민들의 의견을 구하는 절차를 밟아 나갔으면 한다. 특히 부울경 메가시티 추진의 핵심인 가덕도 신공항에 대해서는, '광역교통망 건설을 전제로 한 조건부 동의'라는 애매한 말을 할 것이 아니라 울산시민들의 의사를 정확히 파악하여 시민들이 원하는 바를 주창해야 할 것이다.

만일 부산과 경남이 제시하는 아젠다와 이슈들에 대해 정치적인 이유로 아무런 비판 없이 동조만 한다면, 우리에게 '부울경'이란 체제는 허울 좋은 껍데기에 불과할 뿐이다. 부울경 메가시티에서 울산의 위상을 제대로 확립하기 위해서는 보다 정교하고 면밀한 전략적 접근이 필요하다. 하루빨리 부울경 통합 논의에서 울산이 주도적으로 제시할 수 있는 아젠다를 만들고, 시민들의 의견을 통합하여 울산의 주장과 목소리를 분명하게 제시해야 할 것이다. 이 과정에서 정치적 이해관계가 개입되는 것은 철저히 배제되어야 한다. 일부 정치인이 주도하거나 정파적 차원에서 진행되는 지역협력은 단기적으로는 그럴듯하게 보일지 몰라도 장기적으로는 아무런 성과도 거두지 못한 채 좌절되고 마는 것이 그간의 경험이기 때문이다.

* 부울경 메가시티는 8대 지방선거 이후 백지화 되었다. 이전의 합의가 파기되고 부울경 메가시티는 없던 일이 되고 말았다. 합의 당사자 중 부산시장만 재선에 성공하고 경남도지사와 울산시장이 교체되면서 벌어진 일이다. 특히 경남과 울산의 단체장이 민주당에서 국민의힘 소속으로 바뀌면서 이전 정부에서 적극적으로 추진

되던 메가시티는 그 수명을 다하였다. 그 후 이들 중 경남지사는 부산과 경남의 통합을 들고 나왔고, 울산시장은 경제 분야에 국한된 협력을 주장하였다. 현재 부울경은 '부울경 경제동맹'이라는, 실체도 불분명하고 업무도 불확실한 명목상의 협력형태를 유지하고 있다. 시민들의 동의와 지지 없이 추진된 정책이라는 한계와, 소속 정당이 다른 단체장의 등장이라는 정치적인 이유가 결합되어 정책추진이 좌절된 대표적인 사례라고 할 수 있다.

정책의 유지維持와 단절

제8회 지방선거 결과 울산시장을 비롯하여 울산의 기초단체장이 모두 바뀌었다. 이에 따라 기존 단체장들이 추진했던 정책들 중 일부는 그대로 추진되기도 하겠지만 상당수의 정책들이 중단되거나 수정될 것으로 보인다. 중앙정부, 지방정부 할 것 없이 리더십이 교체되면 기존정책의 재검토는 불가피한 것이 사실이다. 하지만 이러한 정책변동policy change의 추진은 나름대로 합리성을 기반으로 진행되어야 한다. 적실성과 실현가능성 등에 대한 면밀한 검토와 충분한 숙고를 거치지 않으면 또 다른 문제를 야기할 수가 있다. 이러한 관점에서 두 가지 정책을 살펴보자.

우선 '부울경 메가시티'를 보자. 지방자치법 개정으로 지방정부 간의 협력체제 구축이 제도화되었고, 전국에서 처음으로 부울경 특별지방자치단체 설립을 위한 논의가 거의 마무리 단계에 이르렀다. 대부분의 지방자치 전문가들은 부울경 메가시티는 우리나라 지방자치사에 한 획을 그을 수 있는 획기적인 제도적 발전으로 평가하고 있다. 하지만 신임 김두겸 시장은 부산과 경남에 비해 울산에 실익이 없다는 이유로 소극적인 태도를 취하고 있다. 메가시티 추진이 불투명해진 것이다.

전임 송철호 시장이 특별지방자치단체를 추진하면서 울산시민들의 충분한 동의와 지지를 구하는데 소홀한 측면이 있었던 것이 사실이다. 그럼에도 불구하고 도시발전의 기본은 개방과 협력이다. 이른바 '빨대효과'에 대한 우려가 있을 수 있지만, 그보다는 울산이라는 한정된 지역을 벗어나 부산, 경남과의 협력을 통해 지역발전의 계기가 될 것이라는 기대가 더 크다. 또 특별지방자치단체는 중앙정부로부터 지원을 획득하기 위한 수단이 아니라, 지방정부들이 자발적으로 연합하여 지역발전을 도모하는 제도적 장치이다. 중앙의 지원이 없어서 메가시티를 중단한다는 것은 메가시티에 대한 이해가 부족한 것이다. 마침 부울경 단체장 모두 같은 정당 소속인 만큼 적극적으로 시민들의 의견을 수렴하여 울산에 필요한 사업들을 발굴해 나가면서 메가시티를 추진해 나갈 필요가 있다.

다음으로 반구대 암각화 보존 문제를 보자. 이것은 역대 시장들의 최대 현안 중의 하나이다. 암각화 보존을 위해서는 사연댐의 수위를 낮춰야 하고, 이로 인해 야기되는 울산시민의 식수 부족 문제를 해소하기 위해서는 대구와 경북지역에 식수를 공급하는 운문댐에서 물을 끌어 오는 수밖에 없다. 단순한 문화재보존 문제가 아니라 생존에 필수적인 식수 관련 이슈이고, 관계되는 기관들이 중앙, 지방 등 여러 곳이라 이들 간에 합의를 이끌어 내는 것이 결코 쉽지 않다. 그런데 다행히도 울산시를 포함한 정부기관들 간에 합의가 도출되었으며, 운문댐 물을 울산으로 공급하는 관로공사도 정부의 예비타당성조사를 통과하였다. 드디어 반구대 암각화 보존을 위한 길이 열린 것이다.

그런데 새로 취임한 시장은 반구대 암각화 보존 문제를 문화재청에 맡기고 울산시는 이에 협조하겠다는 다소 수동적인 태도를 취하고 있다. 반구대 암각화가 국가문화재인 만큼 문화재청이 나서야 한다는 논리이다. 하지만 지역의 문화재를 보존하기 위해서는 지방정부가 보다 적극적인 역할을 해야 한다. 비단 문화재뿐만 아니라, 지역의 이슈를 중앙에 제기하여 지원과 협력을 요청하는 것은 지방정부의 당연한 책무의 하나이다. 암각화 보존을 문화재청에 일임하지 말고, 기존의 물공급에 대한 합의가 차질 없이 준수되도록 요구하고, 관로공사도 가급적 시기를 앞당겨서 완공될 수 있도록 지속적인 관심을 기울여 나가야 할 것이다.

정책이 한 번 결정되고 집행되면 아무런 변화 없이 그대로 유지되어야 하는 경우는 거의 없다. 특히 시장과 같은 최고정책결정권자가 교체되면 이와 함께 정책이 변화하는 것은 지극히 당연한 현상이다. 하지만 불합리한 정책변동은 오히려 정책혼란이나 정책표류policy drift를 초래할 수 있다. 전문가 평가와 시민 의견수렴 절차를 통해 기존 정책의 승계와 단절에 대해 보다 신중한 검토를 진행하기 바란다.

울산의 그랜드 플랜grand plan을 설계하자

울산의 미래에 대한 우려와 조언들이 쏟아지고 있다. 인구 감소와 노령화, 일자리 축소, 세계적인 경제불황 등 울산의 상황은 예년에 비해 훨씬 더 녹록치 않은 것이 사실이다. 이런 상황에서 울산시는 해마다 시정과제를 발표하고 있다. 시의 각 부서에서 추천한 것을 대상으로 내부적인 절차를 거쳐 선정하는 것으로 보인다. 신임 김두겸 시장은 취임 이후 처음으로 10대 관제를 발표하였다. 이들 과제의 타당성과 실현가능성은 차치하더라도 몇 가지 생각해 볼 여지가 있는 것 같다.

주지하다시피 시장 교체 이후 울산의 시정방향은 상당한 변화가 있었다. 부울경 메가시티 추진이 중단되었으며, 그린벨트 해제가 핵심의제로 등장하였다. 불과 4년 사이에 이렇게 급격한 변화가 초래되었다. 모두 실현되지 않은 미래를 위한 정책들이므로 이런 정책변화policy change가 앞으로 울산에 어떤 결과를 초래할 지는 아무도 모른다. 하지만 분명한 것은 이로 인한 사회적 비용이 상당하다는 것이다. 합리적인 정책변동은 당연히 필요하지만 가급적 사회적 매몰비용sunk cost을 최소화 하면서 추진하는 것이 바람직하다.

시장이 바뀔 때마다 기존의 정책이 뒤집어지면서 새로운 정책들이 등장한다. 이전에 투입되었던 자원이나 역량들이 한 순간에 연기처럼 사라지는 경우도 많다. 이른바 '민주주의의 비용'일 수도 있다. 하지만 울산이라는 한정된 지역 수준에서 이토록 획기적인 정책변화가 등장할 이유는 그렇게 많지 않다. 돌이켜 보면 정책변화는 선거공약을 토대로 하는 경우가 많다. 심각한 고려 없이 선거승리를 위해 동원되었던 즉흥적인 정책들이 공약의 이름을 달고 주요 정책화했다가 사라지는 현상이 수 없이 발생하고 있고 또 앞으로도 되풀이 될 것이다.

이러한 사회적 낭비를 최소화하기 위해서 울산의 미래를 설계하는 그랜드 플랜을 작성할 것을 제안한다. 그랜드 플랜을 통해 적어도 10년 정도 울산이 추구해야 할 주요 정책어젠다를 발굴하고 재원 동원계획과 주요 참여자들의 역할 등을 잘 정립해 보았으면 한다. 이렇게 하면 정책의 합리성이 제고될 뿐만 아니라 정책의 일관성과 지속성이 어느 정도 보장될 수 있을 것이다. 시장이 교체되더라도 과도한 정책변동으로 인한 사회적 혼란과 손실도 최소화 할 수 있다.

물론 그랜드 플랜을 작성하는 것이 쉬운 일은 아니다. 각 주체들의 정치적 · 경제적 이해관계가 다르고, 현실진단의 기준은 물론 미래예측의 내용들이 일치하지 않기 때문이다. 그래서 그랜드 플랜을 위해서 가장 중요한 것은 시민들의 동의와 지지를 확보하는 것이다. 이를 위해 우선 중립적인 기구를 구성하여 울산의 다양한 주체들의 참여를 이끌어 낼 필요가 있다. 울산의 좌·우 정파를 아우르고, 기업, 노조, 시민단체, 언론, 관료, 전문가 등이 참여하여 분야별로 울산의 현 상태를 객관적으로 점검하고 미래지향적인 정책대안을 탐색하고 개발하는 작업을 진행해 볼 것을 제안한다.

울산의 상황이 어려운 것은 각종 사회적 지표에서도 그대로 나타나고 있다. 인구, 소득, 실질 경제성장률, 고용 등 거의 모든 면에서 최악 수준으로 치닫고 있다. 이런 위기를 벗어나기 위해서는 울산이 가지고 있는 모든 역량을 쏟아 부어도 만만치 않은 상황이다. 울산시 관료들이 작성한 10대 과제 수준으로는 턱없이 부족하다. 그랜드 플랜 설계가 어렵고, 시간과 비용도 많이 들고, 공연히 긁어 부스럼 격의 갈등도 유발할 수 있겠지만, 어려울 때 일수록 보다 차분하게 현실을 분석하고 미래를 대비하려는 노력이 필요하다.

작가 윌리엄 깁슨William Gibson은 "미래는 이미 도착해 있다"고 했다. 이를 빨리 간파하고 순발력 있게 적응해 나가는 지역이 있는가 하면, 우리는 여전히 '산업수도'와 같은 과거 패러다임에 머물러 있는 것은 아닌지 모르겠다. 그랜드 플랜 설계를 통해 울산에 도래한 미래를 정확히 인식하고 대비하는 동시에 울산시민들의 역량을 결집시키는 계기를 마련했으면 한다.

'레트로' 울산

과거의 향수를 불러일으키는 레트로retro 감성이 최근 트렌드 중의 하나다. 석탄난로가 설치된 교실 모습으로 꾸민 식당이 등장하고, 예전 스타일의 의상이 다시 유행하기도 한다. 전형적인 레트로 감성 마케팅이다. 울산시도 이런 분위기에 편승하는 것인가. 김두겸 시장 취임 이후 울산시는 레트로가 충만하다.

30여년 만에 공업축제가 부활하였다. 산업수도로서의 정체성을 회복한다는 의미라고 한다. AI로 상징되는 첨단 산업시대에, 요즘 잘 사용하지도 않는 철 지난 용어인 '공업'이라는 단어를 붙여 축제를 개최하는 사고방식이 놀랍다. 굳이 강조하지 않아도 울산이 예전부터 공업도시라는 것은 모든 국민이 다 알고 있는 사실이다. 이 결과 환경오염도 심하고 노동운동도 활발한 지역이라는 것이 울산의 과거 이미지였다. 하지만 그동안 부단한 노력을 통해 태화강이 국가정원으로 지정되는 등 산업도시로서의 이미지를 탈피하고 친환경 생태도시로서 탈바꿈하는데 성공하였다. 그런데 이제

와서 다시 '공업'을 내세우는 축제라니 도대체 울산시가 만들려고 하는 울산의 이미지가 무엇인지 모르겠다. 공업도시가 되어야 투자유치에 유리하다고 생각하는지, 아니면 생태·문화도시에는 기업들이 들어오지 않을 것이라고 생각하는 것인지 궁금할 뿐이다.

최근 추진되고 있는 기업인 동상 설치도 참신한 발상으로 보기 힘들다. 울산 발전에 기여한 기업인들의 업적을 기리고 선양하는 것은 반드시 필요한 일이다. 하지만 현시점에서 250억이라는 예산을 투입해서 거대 동상을 설치하는 것이 과연 바람직한가. 특정인의 거대 동상은 전통적으로 과거 권위주의적 통치체제에서 볼 수 있는 상징물의 성격이 강하다. 민주화 된 서구 문명국의 어디를 가도 소박하고 정감이 가는 소규모의 동상은 수 없이 많지만 50m가 넘는 거대 동상은 쉽게 보기 힘들다. 모르긴 해도 대상으로 거론되는 기업인들이 평생을 검소하게 살았던 것을 생각하면, 이들과 후손들도 굳이 이런 거창한 형태의 기념물을 원할 것 같지는 않다. 울산 대공원이나 생전에 활동했던 공간에 소규모로 기념 동상을 세우거나, 아니면 기업인들의 업적을 학문적으로 재조명하는 학술행사 정도면 족하지 않겠는가. 또는 기업과 협력하여 아담한 규모로 '박물관' 같은 것을 세우는 것은 어떤가.

울산시의 레트로 경향은 인사에서도 나타난다. 이른바 '올드보이'의 임용이다. 부시장을 비롯하여 시장이 정무적으로 임명할 수 있는 자리에 '전직前職'들이 대거 등장하였다. 주지하다시피 같은 일도 어떤 사람이 하느냐에 따라 달라질 수 있다. 정책을 결정하고 집행하는 데에는 과거의 경험도 중요하지만 새로운 사고와 혁신적인 아이디어도 필요하다. 세계적인 기업들이 즐비한 울산에는 전문성과 글로벌 시각을 가진 인사들이 적지 않지만 이들은 공직에서 거의 배제되고 있다. 이런 점에서 울산시의 과거지향 경향은 인사에서 비롯되는 측면이 있음을 부인할 수 없다.

세계는 급변하고 있다. 하루가 다르게 새로운 기술과 제품들이 등장하고 있으며 경쟁은 더욱 치열해 지고 있다. 지방정부도 예외는 아니다. 우리가 한발 앞서 나갈 수는 없다고 하더라도 시대적 흐름에 뒤쳐져서는 안 될 것이다. '공업' 축제를 열고, 거대 동상을 세우는 레트로적 사고는 이제 지양했으면 한다. 시민들에게 과거의 향수를 불러일으키기 보다는 미래의 비전과 희망을 제시하는 노력을 기울일 필요가 있다. 또한 소수 정책결정자들의 개인적인 취향이나 주장이 아무런 여과장치 없이 갑자기 주요 정책으로 등장하는 것도 자제되어야 한다.

곧 민선 8기가 출범한 지 1년이 된다. 이제 울산의 현 상황을 제대로 진단하고, 울산의 미래를 위해 가장 우선적으로 추진해야 할 의제가 무엇인지 분석적으로 접근할 필요가 있다. 이를 토대로 보다 체계적이고 합리적인 정책의제들을 정립하여 울산의 미래 비전을 구체적으로 제시하는 것이 필요한 시점이다. 시민들은 과거에 대한 향수보다는 울산의 미래를 보장할 비전과 정책을 원한다.

‘이벤트’ 시정市政

선거를 치러야 하는 단체장의 처지를 모르는 바가 아니다. 그래서 어느 정도 ‘보여주기 식’ 행사나 다양한 이벤트도 필요하다. 별것 아닌 것도 그럴 듯하게 포장하여 굉장한 업적으로 내세우는 것도 일종의 정치적 능력이라고 할 수 있다. 하지만 과유불급過猶不及, 지나치면 곤란하다.

태화루 옆에 설치될 스카이워크가 곧 착공된다고 한다. 불과 십여 미터에 불과한 절벽에, 게다가 바로 옆에는 고풍스런 태화루가 우뚝 자리하고 있는데 이렇게 거창한 구조물이 들어서야 하는지 여전히 의문이다. 태화루에 올라 유유히 흐르는 강을 바라보는 것이 더 운치 있는 경험 아닐까. 만일 진주 촉석루나 밀양 영남루 옆에도 이런 시설을 설치하려 한다면 그곳 시민들은 순순히 받아들일까. 울산시청 마당에는 느닷없이 논이 조성되었다. 시장과 간부들이 모내기를 하고 여기서 거둘 쌀을 ‘청렴미’로 이름 붙였다. 시민들에게 먹거리의 소중함을 알리고 공무원들의 청렴을 강조하기 위해서라고 한다. 물론 지역 언론에 크게 보도되었다. 이런 이벤트로 청렴도가 상승한다면 얼마나 좋겠는가.

이벤트는 해외에서도 이뤄진다. 시장이 일본을 방문하여 파크골프장에서 스윙하는 사진이 보도되었다. 울산에 들어설 파크골프장을 위해 담당국장도 아니고 시장이 직접 현지를 찾아 티샷을 해 봐야 할까. 또 삿포로 인근 에스콘 필드를 방문해서는 야구장 내에 있는 호텔을 보고 울산 야구장에도 유스호스텔을 짓겠다고 발표하였다. 에스콘 필드에 있는 호텔은 여기 소속이었던 오타니의 등번호를 따서 11타워라고 부른다. 최첨단 개폐식 구장과 오타니라고 하는 세계적인 명성을 가진 선수의 후광을 업고 운영되고 있다. 심지어 천연온천도 있어서 목욕을 하면서 야구경기를 관람할 수도 있다. 국내 프로야구 구단들도 시설이 열악하여 경기하기를 꺼린다는 울산야구장에 유스호스텔을 건설·운영하는 것이 가능할까.

울산시는 '꿀잼도시'를 표방하며 다양한 사업들을 발표하고 있다. 앞서 예를 든 것도 크게 보면 이런 범주에 포함되는 사업들이다. 그런데 꿀잼도시를 위해서는 어떤 방식으로 재미를 줄 것인가에 대한 기본적인 컨셉이 필요하다. 예컨대 도쿄의 경우 슬로건이 '과거가 현재를 만나다'Old meets New이다. 첨단 빌딩이 즐비하지만 그 속에 오래된 절이나 신사, 공원 등이 공존하며 시민들과 관광객들에게 즐거움을 선사한다. 마구잡이로 이것저것 생각나는 대로 도시 곳곳에 시설물을 설치하고 이벤트를 벌인다고 해서 도시의 재미가 살아나는 것이 아니다. 다른 지역이나 나라에서 설치한 구조물이나 시행하고 있는 사업들이 그럴듯하게 보인다고 해서 울산에도 그대로 그 효과가 나타날 것이라고 생각하는 것은 너무 순진한 접근이다. 물론 일시적 이벤트로 반짝 효과를 거둘 수는 있겠지만 결코 지속가능하지 않다.

우선 '꿀잼도시'의 컨셉concept을 정할 것을 권하고 싶다. 예컨대 공업도시에서 생태도시로의 혁신적 변화, 울산의 역사성, 구도심과 신도시의 조화 등 큰 틀에서 즐거움을 추구하는 방향을 잡고, 이를 바탕으로 다양한 사업들을 장기적이고 체계적으로 개발해 나가는 것이 바람직하다. 벤치마킹 또는 정책이전policy transfer 활동을 하기 전에 먼저 '재미의 개념'을 정립해야 한다는 것이다. 이런 토대 없이 즉흥적인 아이디어나 다른 지역에서 본 괜찮다 싶은 것들을 이것저것 모아서 여기저기 설치하면 결국 아무런 테마도 없는 '잡동사니'로 전락할 우려가 크다. 혈세 낭비는 물론이고 도시의 이미지와 지속가능성은 현저하게 훼손될 수밖에 없다.

시장만 되면 태화강에 이런저런 시설물을 설치하고 싶어 한다. 전 시장은 짚라인, 현 시장은 스카이워크다. 하지만 태화강의 본질적 가치는 푸른 대나무 숲과 너른 광장, 그리고 그 사이를 흐르는 태화강 물줄기다. 이런 점에서 이번 여름의 조정경기는 태화강을 '재미있게' 만든 좋은 예라고 할 수 있다. 맑은 태화강에서 울산의 젊은이들이 세계 유수대학 학생들과 어울리는 역동적인 모습, 바로 울산의 미래 모습을 그대로 보여주었다. 엄청난 예산을 들여 거창한 시설물을 설치하지 않아도 얼마든지 즐거움을 줄 수 있다. 하드웨어 중심의 '이벤트 시정'에서 벗어나기 바란다.

'울산 디스토피아'

바야흐로 계절의 여왕 5월이다. 울산대공원에는 형형색색의 장미꽃들이 만발했다. 태화강 국가정원 대나무 숲에도 죽순들이 쑥쑥 올라오고 있다. 시민들은 맑고 푸른 하늘 아래서 봄날의 따스한 햇볕을 즐기고 있다. 전국 최고 소득수준의 산업도시 울산의 여유로운 풍경이다.

울산은 석유화학, 자동차, 조선 등 3대 중화학 산업의 메카이자 우리나라 제조업의 중심이다. 그래서 울산시민들은 산업수도에 살고 있다는 자부심을 가지고 있다. 최근 수도권이나 충청지역의 부상으로 그 위상이 조금 흔들리고 있지만 여전히 대부분의 울산시민들은 낙관적인 생각을 가지고 있는 듯하다. 여기에는 제조업의 특성상 경기를 탈 수밖에 없기 때문에 하향국면도 있지만 머지않아 상승국면으로 이어지리라는 기대가 자리 잡고 있다. 게다가 3대 산업에 종사하는 원청 정규직 노동자들의 고임금은 단기적인 경기변동과는 상관없이 유지되고 있어서 전반적으로 울산의 분위기는 상대적으로 나쁜 편이 아니라고 할 수도 있겠다.

하지만 '부자 도시' 울산의 여유가 언제까지 지속가능할 것인가. 젊은 세대의 인구유출이 증가하고, 노동자들 간의 임금격차가 크게 벌어지면서 울산의 미래를 걱정하는 사람들도 늘어나고 있다. 이런 우려를 반영하여 산업도시 울산을 분석한 연구결과가 최근 출간(양승훈, 「울산 디스토피아」, 2024)되었다. 저자는 다양한 통계를 분석하고, 시민과 전문가들에 대한 인터뷰를 통해 울산의 불안한 미래를 진단하고 있다. 책의 제목인 디스토피아dystopia가 이를 상징한다.

이 책이 분석한 제조업도시 울산의 핵심문제는 다음과 같다. 우선 3대 주력산업의 연구개발 기능이 대부분 수도권으로 이전하여 울산은 단순한 생산기지 역할만 하게 되었다. 강력한 노조의 힘으로 정규직 노동자들은 고임금을 성취했으나, 이는 정규직 일자리의 축소와 원청과 하청 노동자들의 임금격차를 심화시켰다. 또 정규직 기회와 괜찮은 일자리가 현저하게 사라진 상황에서 청년들은 일자리를 찾아 울산을 이탈하고 있다. 특히 울산은 여성 일자리가 극히 부족하여 커리어의 지속을 원하는 고학력 여성들은 수도권으로 향한다. 결국 울산의 미래를 짊어질 젊은이들은 떠나고, 이를 이주노동자와 고령인구로 구성된 하청노동자가 메우고 있다. 그래서 현재 울산은 제조업의 메카가 아니라 생산 하도급을 수행하는 생산하청도시에 불과하며, 이대로 가면 울산은 쇠락의 길을 갈 수밖에 없다고 지적하고 있다. 울산의 현 상황을 정확하게 분석하여 통렬한 경고를 보내고 있다.

최근 울산시는 20조원의 투자유치 실적을 올리는 등 친기업 도시로서의 이미지를 형성하고 있다. 바람직한 일이다. 하지만 울산의 미래를 위해 더 중요한 것은 기업의 투자가 일자리로 연결되어야 한다는 것이다. 특히 젊은이들이 원하는 '괜찮은 정규직' 일자리가 늘어나야 한다. 울산대와 UNIST를 졸업한 청년들이 울산에서 원하는 직장을 얻고 이를 토대로 살아갈 수 있는 여건이 조성되어야 울산의 미래가 있는 것이다. 더구나 울산은 전국적으로 대학 진학률이 높은 지역이다. 고학력 청년들이 그만큼 많다. 요즘 조선업 호황, 샤힌 프로젝트 등으로 울산에 노동자들이 몰려오고 있다고 한다. 그런데 상당수가 이주노동자이거나 일용직이다. 새로 늘어난 일자리들이 울산 젊은이가 원하는 직장이 아니기 때문이다. 물론 젊은 여성들이 선택할 수 있는 직장은 더더욱 아니다.

결국 울산의 미래는, 청년 일자리 더 구체적으로 청년들이 '원하는' 일자리를 만들어 20~30대의 울산 이탈을 막는 것에 달려 있다. 단순히 기업의 투자 규모나 일자리 숫자에만 매달려서는 이 문제를 풀 수 없다. 전면적인 변화 없이 제조업의 메카라는 '과거의 영화榮華'에만 매달려서는 지속가능한 미래가 보장되지 않는다. 더 늦기 전에 울산의 노동구조를 혁신하고 연구개발 역량을 제고하는 등 울산의 산업구조를 개조할 수 있는, 거시적이고 체계적인 산업정책의 수립이 필요한 시점이다. 지금의 구조를 그대로 둔 상태에서는 아무리 그린벨트를 해제하고 투자를 유치해도 오히려 울산의 '디스토피아'를 더욱 심화시키는 결과만을 초래할지도 모른다.

울산의 산업관광

울산 경제의 새로운 동력을 찾기 위해 관광분야에 대한 관심이 증대하고 있다. 그동안 엄청난 규모의 제조업에 가려 '소소한' 관광 수입쯤이야 아무 것도 아닌 것으로 생각하는 경향도 있었다. 하지만 제조업의 경기변동이 심하고 불황국면이 장기화하는 경우에 대비하기 위한 방안의 하나로 관광에 대한 관심이 높아지고 있다. 관광은 노동집약적 성향이 강하여 일자리 창출에 기여하는 바가 크다. 특히 울산은 제조업 중심도시로서 상대적으로 부족한 여성 일자리를 제공할 수 있다는 점에서 관광분야에 거는 기대가 크다고 할 수 있다.

그런데 산업도시로 알려진 울산에 사람들을 끌어 모을 수 있는 대표적인 관광거리로 무엇을 내세울 수 있을 것인가. 가장 대표적인 곳이 울산 한복판에 자리한 태화강 국가정원이다. 울창한 대나무 숲과 너른 광장 그리고 아기자기한 정원들은 우리나라 어디에 내놔도 손색없는 훌륭한 관광자원이다. 특히 공업화로 오염된 태화강을 친환경 생태하천으로 복원하였다는 점에서 더 의미가 크다. 이곳에 철따라 날아오는 까마귀와 백로는 울산의 생태가 살아있음을 말해주는 또 다른 볼거리다. 또한 울산은 영남 알프스와 동해안 해변이 있어서 산과 바다가 어우러지는 천혜의 자연자원을 보유하고 있다. 동해에 면한 대왕암 공원과 억새평원이 장관인 신불산과 간월재는 이미 전국구 광광지로 자리 메김하고 있다. 더구나 울산은 반구대 암각화로 대표되는 역사자원까지 보유하고 있어 잘만 하면 관광객들을 모으는 데에 큰 어려움이 없을 것이다.

여기에 더해서 전문가들이 제시하는 울산관광의 유망분야는 바로 산업관광이다. 역사 유적이 풍부한 경주, 다양한 관광자원을 갖춘 부산을 인근에 두고 있는 울산의 입지를 고려할 때 울산은 산업관광으로 특화하면 더욱 경쟁력이 있을 것이라는 주장이다. 일반적으로 관광자원하면, 출렁다리나 케이블카 같은 시설물, 또는 천연의 자연이나 역사 유적을 중심으로 생각하는 경향이 있다. 그런데 울산은 전국 어느 도시에서도 볼 수 없는 산업관광이라는 자원을 보유하고 있다는 것이다. 산업도시는 환경오염과 같은 부정적인 이미지를 주어서 관광에 불리한 면도 있지만, 잘 기획하면 오히려 산업 자체를 관광자원화 하는 것도 가능하다. 산업단지의 야경, 제조과정 견학은 물론이고 그동안 울산을 중심으로 발전해 온 산업기술들을 소개하는 산업박물관 등으로 발전시키면 훌륭한 관광자원이 될 수 있다.

울산의 산업관광과 관련해 일본의 나고야와 독일의 뮌헨을 참고할만하다. 우선 나고야 일대는 주변의 토요타시를 포함해 자동차,

우주항공 산업의 중심지로서 일본 제조업의 상징과도 같은 지역이다. 그래서 일본에는 나고야 경제가 어려우면 일본 경제가 어려운 것이라는 말이 있다고 한다. 이런 점에서 일본의 나고야는 한국의 산업 중심지인 울산의 위상과 아주 유사한 곳이라 할 수 있다. 나고야는 토요타 자동차의 도시답게 '도요타 산업기술 기념관'이 있다. 도요타 자동차가 운영하는 이 기념관에는 방직회사로부터 출발해 자동차를 만드는 회사로 발전한 도요타 자동차의 역사와 함께 최신 자동차 제작기술 등이 알기 쉽게 전시돼 있다. 어떻게 보면 도요타 홍보관인 셈인데 무료가 아니라 입장료 500엔을 받는다. 그럼에도 불구하고 이곳을 찾는 방문객이 하루 평균 1500여명이라고 하니 가히 나고야의 명소라고 할 만하다. 그런데 이 기념관에 더 관심이 가는 것은 전시내용이 아니라 바로 기념관이 건립된 장소다. 기념관은 도요타 자동차의 전신인 도요타 방직공장 터에 자리 잡고 있으며, 건물도 예전의 붉은 벽돌로 지어진 방직공장을 그대로 사용해 건물 자체가 도요타의 역사를 말해 주고 있다. 나고야의 대표기업인 도요타가 기업이 출발한 역사적인 장소에 홍보 기념관을 지어 도시의 관광명소로 자리 잡은 것이다.

또한 독일의 뮌헨에 가면 관광객들이 반드시 방문하는 곳이 있다. 바로 BMW 박물관이다. 뮌헨에는 BMW 본사와 공장이 있어 자동차 도시로 알려져 있다. 여기에 BMW 벨트와 뮤지엄을 운영하고 있다. 본사 건물은 자동차 엔진을 닮은 두 개의 원통형이며, 그 옆에 자리한 뮤지엄은 찻잔 모양으로 외관 자체가 볼거리이다. 이 곳에는 현재 판매하고 있는 차량, 모터사이클 등이 전시되어 있어서 다양한 자동차와 바이크를 자유스럽게 타보고 구경할 수 있다. 관광객들은 말로만 듣던 BMW의 최신형 자동차와 바이크에 올라타 사진을 찍으며 즐거운 시간을 보낸다. 또한 그동안 BMW의 역사가 마차부터 시작해서 최신 자동차에 이르기까지 세세하게 전시되어 있다. 한 마디로 이 지역은 공장과 사무실, 그리고 전시장이 한군데 모여 있는 'BMW 타운'이라고 할 수 있다.

위의 두 사례에서 본 바와 같이 산업관광은 산업시설과 관련돼 있기 때문에 기업들의 역할 또는 협조가 필수적이다. 기업들이 자신의 산업시설을 외부인들에게 개방하고 이들이 즐길 수 있는 시설을 설치하는 데에 상당한 투자를 하지 않으면 산업관광은 아예 불가능하기 때문이다. 한 때 울산에 국립산업기술박물관을 유치하기 위한 노력이 진행되었으나 결국 좌절되었는데, 이러한 거창한 박물관도 중요하지만 산업도시로서 울산의 역사를 보여주는 아담한 규모의 기념관 또는 박물관이 해당 기업들 주도로 먼저 생겨났으면 한다.

울산은 우리나라 제조업의 메카다. 처음으로 배를 만드는 도크를 건설한 곳이고 자동차를 대량 생산하기 위한 라인이 설치된 곳이다. 대한민국 근대산업 발전사에서 정말 중요한 역사현장인 것이다. 바로 그 장소에 기술 진보와 기업발전 과정을 상기할 수 있는 기념관이나 박물관을 짓고, 이를 현장의 산업시설과 연계하는 투어 코스를 개발하면 어느 지역에서도 볼 수 없는 훌륭한 산업관광 자원이 될 수 있을 것이다. 다양한 기업들의 기념관을 돌다 보면 울산의 산업화 역사에 대해서도 알게 되고 해당 기업들은 자연스럽게 홍보효과도 거둘 수 있을 것이다.

하지만 울산의 산업관광은 갈 길이 멀다. 현대자동차와 현대중공업의 본사는 서울에 있다. 특히 '자동차도시'로서 울산 산업관광의 핵심적인 역할을 할 수 있는 현대자동차는 서울 삼성동에 글로벌 비즈니스센터를 건설하려는 계획을 수립하면서 이미 울산은 생산하청기지로 전락한지 오래되었다. 뮌헨이나 나고야 같은 자동차 박물관이나 전시장을 울산에 건립하려는 계획은 아예 생각조차 하지 않고 있는 것 같다. 따라서 울산이 산업관광의 메카가 되기 위해서는 우선 지역의 기업들이 울산을 단순한 생산기지가 아니라 기업이 출발한 역사적인 의미를 가진 장소라고 인식하고 이를 되새길 수 있는 기념시설을 설치하는 데에 관심을 갖도록 해야 한다. 당연히 일반시민과 지역의 시민단체, 언론 등도 이에 대해 더 많은 관심을 가질 필요가 있다. 울산시도 울산만의 고유한 특색이 부족한 시설물들을 이곳저곳 설치하려고 예산을 낭비하지 말고 지역기업들과 함께 산업관광의 새로운 지평을 여는 노력을 기울였으면 한다.

그린벨트 해제

어느 정부든지 1호 공약은 그 정부의 상징이다. 새 정부의 임기 내에 시행하고자 하는 정책 중 가장 상징성이 크고 또 중점적으로 추진 될 정책을 의미한다. 주지하다시피 민선8기 울산시장의 1호 공약은 그린벨트 해제다. 울산의 그린벨트는 도시의 중간 부분을 차지하는 기형적인 구조를 취하고 있어서 도시발전의 장애가 되고 있음이 분명하다. 그래서 그린벨트해제의 필요성에 대해서는 어느 정도 공감대가 형성된 것으로 보인다. 그러나 그린벨트해제 자체가 정책이나 공약이 될 수는 없다. 그린벨트 해제는 수단이지 궁극적인 목표가 아니기 때문이다. 물론 그린벨트 해제를 통해 산업단지와 신도시를 건설하고 이를 통해 산업수도 울산의 위상을 회복하겠다는 내용은 있다. 하지만 이를 공약이나 정책으로 보기에는 지나치게 모호하며 구체성이 부족하다. 이를 최우선의 정책과제로 추진하기 위해서는 상당한 보완이 필요하다.

우선 그린벨트 해제로 생기는 부지를 활용하여 조성할 산업단지의 방향성을 정립할 필요가 있다. 이전에는 3D 프린팅 또는 수소를 포함한 에너지 산업을 미래 산업으로 제시하고 이를 위한 산업단지 건설을 추진하는 등 유치할 산업에 대한 청사진을 제시한 바가 있다. 하지만 이번에는 그린벨트해제만 요구할 뿐, 어떤 컨셉의 산업단지를 구축할 것인지에 대해서는 구체적인 계획이 제시되지 않고 있다. 아무 기업이나 울산에 투자한다고만 하면 모두 받아들일 것인가. 새로운 미래형 산업단지를 조성할 것인가 아니면 기존 산업의 확장을 시도할 것인가. 산업단지를 무엇으로 채울 것인지 심도 있는 논의가 부족하다. 기왕이면 특히 울산의 젊은이들이 선호하는 양질의 일자리를 창출할 수 있는 기업들을 유치하는 데에 초점을 두는 것이 좋을 것이다. 더 나아가 산업단지만 만들어 놓으면 기업들이 자동적으로 입주하는 것이 아닌 만큼 기업유치 또는 신규투자를 유도할 수 있는 복안도 함께 마련되어야 할 것이다.

또한 그린벨트 지역에 신도시를 건설하는 것에 대해서도, 현재 울산의 인구가 감소하고 있는 점을 감안하면 고려해야 할 점이 많다. 주거수준이 높은 신도시가 건설되면 기존 주거지에 거주하는 주민들의 이주가 이뤄질 것이고, 기존 지역은 상대적으로 인구가 감소하여 공동화空洞化될 수도 있을 것이다. 울산 전체적으로 보면 지역 간 일종의 제로섬zero sum 현상이 나타나는 것이다. 따라서 이를 방지하기 위한 조치들도 그린벨트해제와 함께 고려되어야 할 것이다.

그린벨트해제는 관련 토지 등 부동산 가격의 대폭적인 변동을 가져온다. 그린벨트 해제에 따른 경제적 지대economic rent의 발생은 불가피하다. 벌써부터 부동산 시장에서는 울산의 그린벨트 해제에 대한 관심이 증가하고 있는 것으로 알려지고 있다. 그린벨트 해제는 필연적으로 경제적 이익배분의 공정성 문제를 발생시킨다. 이른바 토호土豪를 비롯한 특정 개인이나 계층, 지역 등에 이익이 집중되지 않도록 하는 대책이 미리 강구되어야 한다.

이와 같이 그린벨트 해제가 미치는 사회적 파장은 만만치 않다. 그래서 그린벨트 해제 이후의 콘텐츠를 제대로 만드는 것이 더욱 중요하다. '그린벨트 해제, 산업단지와 신도시 건설'은 전형적인 개발연대의 구호다. 이 시대에 걸맞는 공약으로 보기 어렵다. 세부적인 정책을 보완하여 미래지향적인 비전으로 전환시킬 필요가 있다. 울산시는 그린벨트 해제 주장에 머물지 말고, 이를 통해 등장할 도시의 새로운 모습과 시민들이 얻게 될 삶의 질의 향상 정도를 구체적으로 제시할 수 있어야 한다. 그래야 비로소 1호 공약으로서의 면모를 갖추게 될 것이고 시민들로부터 지지를 얻을 수 있을 것이다.

그린벨트가 그동안 도시발전을 가로막고 있다는 비판을 받아 왔지만 한편으로는 그린벨트라는 개발제한 구역이 있어서 우리 세대에 개발할 수 있는 여지가 생긴 셈이다. 만일 그린벨트가 해제된 지역을 제대로 활용하지 못하고 어정쩡한 산업단지와 아파트촌이나 만들고 만다면 후세대가 사용할 소중한 자원을 훼손해 버리는 것과 마찬가지다. 이럴 바에는 차라리 해제하지 말고 이후 세대에게 활용기회를 주는 것이 더 나을 수도 있다. 1호 공약답게 시민들이 공감할 수 있는 훌륭한 정책으로 발전시켜 줄 것을 기대한다.

메가시티 폐기, 그 후

국가도 마찬가지이지만, 도시의 발전은 개방성에 있다. 인류역사에서 문을 열고 밖으로 나간 도시들은 성장하였으나 폐쇄적으로 눌러 앉은 도시들은 쇠락의 길을 걸었다. 제국의 수도 로마에는 성벽이 없었다. '팍스 로마나Pax Romana' 시기에는 굳이 성벽을 쌓을 필요조차 없을 정도로 안전했기 때문이기도 하지만 로마의 성장과 발전에는 이러한 개방성이 한 몫을 하였다는 것은 부인하기 어렵다.

지금은 2천 년 전의 로마와는 비교가 불가능한 개방과 소통의 시대다. 세계 곳곳에서 일어나는 일들을 거의 실시간으로 알 수 있고, 어느 한 지역의 이슈가 일거에 전 세계적인 문제로 비화되는 시대에 살고 있다. 이러한 오픈된 '연계사회'에서 이웃과의 관계를 더욱 공고히 하지는 못할망정 주어진 제도조차 걷어차는 것은 그리 현명하지 못한 접근이다. 제대로 시행도 못해 보고 사라져 버린 '부울경 특별연합'(메가시티) 얘기다.

민선8기 김두겸시장이 특별연합을 폐기하면서 든 명분은 '울산에 실효성이 없다'는 것이었다. 물론 충분한 토론도 없었고 뚜렷한 근거도 제시하지 않았다. 그러면서 실체도 불분명한 '부울경 경제동맹'을 내세우고 그동안 존재감도 미미했던 '해오름 동맹'을 다시 들고 나왔다. 그리고 상당한 시간이 흐른 지금, 울산은 과연 무엇을 얻었는가. 지방자치법에 근거한 '부울경 특별연합'은 중앙정부의 지원이 보장된 법적·제도적 장치였지만 이른바 경제동맹은 실체가 없는 껍데기에 불과한 것이다. 사무국의 규모나 역할도 특별연합과는 비교할 수 없을 정도로 축소되었으니 성과가 있을 리가 만무하다. 전문가들도 우리나라 지방자치 역사상 의미 있는 제도의 하나로 평가하였던 부울경 특별연합이 좌초된 것은, 전前정부와 시장이 추진한 것이라는 정치적인 이유 말고는 설명할 길이 없다.

매년 지방정부들은 국비확보를 비롯하여 중앙정부의 다양한 지원을 받기 위해 노력한다. 자원배분은 결국 정치적 파워게임이다. 중앙에서 보기에 울산은 지방의 한 도시에 불과할 뿐이다. 하지만 '부울경'을 하나로 합하면 무시할 수 없는 세력이 된다. 울산과 부산 · 경남이 연합하여 각 지역에서 필요한 사업을 공통적으로 발굴하고 부울경의 이름으로 요구하면 중앙은 이를 무시하기 어렵다. 자원과 권력이 집중된 중앙에 대응하여 지역발전을 도모하기 위해서도 지방정부 간의 연합과 결속은 반드시 필요하다. 예컨대 중앙의 대대적인 지원 하에 부산이 사활을 걸었던 '2030 엑스포'도 부울경 메가시티 차원에서 추진되었다면 울산도 일정부분 지원을 받을 수 있었을 것이다.

더구나 인구가 감소하고 있는 울산의 상황을 감안할 때 다양한 채널을 통해 도시의 외연을 확대하고 협력의 범위를 넓히는 것은 도시의 생존을 위해서도 필수적이다. 부울경의 800만 인구는 수도권 다음으로 규모가 크다. 부울경 지역이 촘촘한 네트워크를 형성하여 하나의 거대 메가시티로 기능할 수 있다면 울산의 도약기회가 될 수 있을 것이다. 이 경우 이른바 '탈울산'이 가속화될 것이라는 우려도 있지만 이는 패배주의적 사고에 불과하다. 울산이 이 정도의 리스크도 극복할 역량이 없다면 미래의 희망도 없는 것이다. 우리보다 규모가 작은 포항이나 경주와 교류하면서 '골목대장' 노릇을 하기보다는 좀 더 큰물에서 미래의 가능성을 모색해 보아야 하지 않겠는가.

금년 초에 부울경 특별연합이 완전히 폐기된 이후에도 부산·경남과는 여러 분야에서 협력이 모색되고 있다. 간헐적으로 문화예술 교류 세미나도 열고 경제적 협력 방안도 논의하고 있다. 이웃 지역이라 이런 교류와 협력은 불가피하기 때문이다. 정작 항구적이고 체계적으로 협력할 수 있는 법적·제도적 장치는 폐기해 버리고, 별다른 성과를 거두기 힘든 일시적 교류만 간헐적으로 시도되고 있는 현실이 기이할 뿐이다.

로마는 성벽 대신 길을 만들어 확대지향의 제국형성 기틀을 다졌다. 1년 전 우리는 스스로 성벽을 쌓고 문을 닫아걸었다. 그래서 얻은 것이 무엇인가. 지방자치법에는 여전히 특별지방자치단체 설립과 지원규정이 존재한다. 지금이라도 진지한 재검토가 필요하다.

* 메가시티에 대해서는 더 이상 논의의 진전이 없다. 부산과 경남은 여전히 통합이라는 허울 좋은 명분만 내걸고 있으나 실질적으로 진전되는 것은 아무 것도 없다. 실제로 부산과 경남이 통합될 것이라고 생각하는 사람들도 거의 없다. 정치적 슬로건일 뿐이다. 울산은 부울경 통합은 울산에 아무런 도움이 안 된다는 주장만을 되풀이 하고 있다. 물론 부울경 통합이 가져올 정치적 · 경제적 효과에 대한 객관적 분석이나 근거는 전혀 제시하지 못하고 있다. 제시할 생각도 없다. 울산시장의 개인적 '감感'에 의한 일방적 주장일 뿐이다. 오히려 대구와 경북 통합 논의가 상당히 진전되었는데, 여기도 단체장의 시각이나 지역적 이해관계의 차이로 결렬 위기에 봉착해 있다. 그래서 '부울경 특별연합규약안'을 마련하고 특별연합의회, 특별연합의 장 선출까지 합의하였으며, 메가시티가 추진할 구체적인 사업도 확정했던 '부울경 메가시티'의 무산이 더욱 안타깝다.

지방이 무너진다

언론에 대대적으로 보도되었지만 코로나 와중에 시민들로부터 큰 관심을 끌지 못한 사실이 하나 있다. 우리 역사상 처음으로 수도권 인구가 지방 인구를 앞선 것이다. 통계청이 실시한 조사에서 우리나라 총 인구 5천184만 명 중 절반 이상이 서울과 경기, 인천 등 수도권에 거주하는 것으로 나타났다. 통계청의 예측에 의하면 수도권 인구집중은 갈수록 심화되어 지방인구는 더 감소될 것이라고 한다. 어떻게 보면 별것 아닌 것 같지만 이 조사결과는 현재 지방이 겪고 있는 총체적 위기 상황을 상징적으로 보여주고 있다.

수도권 인구는 지방에서 특히 서울로의 순유입이 급증하면서 3년 연속으로 증가하고 있다. 연령별로 보면 수도권 유입인구 중 10대와 20대의 비중이 가장 높은 반면 전출인구는 대부분 40대 이상이다. 젊은이들은 수도권으로 몰려오고, 나이든 사람들은 지방으로 나가고 있다. 지역별로는 부산, 경남, 대구 등 영남권에서 수도권으로 이동하는 인구가 가장 많다. 울산도 2016년을 기점으로 인구가 감소하고 있으며, 청년인구의 수도권 유출이 증가하고 있다.

지방 인구가 수도권으로 몰리는 것은 거의 대부분이 일자리와 교육 때문이다. 지방경제의 붕괴로 양질의 일자리가 사라지고, 삶의 질을 좌우하는 교육 문화 여건이 악화되면서 지방의 청년들이 서울을 비롯한 수도권으로 향하는 것이다. 이러한 경향이 지속되면 지방에는 노인 인구만 남게 되어 인구가 더욱 감소하게 될 것이며, 결국 지방은 소멸의 길로 접어들게 될 것이다. 실제로 한국고용정보원의 분석에 의하면, 전국 228개 기초자치단체 중에서 39%인 89곳이 앞으로 사라질 '소멸위험지역'으로 나타났다. 이대로 두면 지방이 무너지는 것은 그야말로 시간문제이다.

그동안 문재인 정부는 국가균형발전을 강조해 왔으며, 지방분권 개헌을 통해 지역발전의 토대를 마련하겠다고 공언해 왔다. 이를 위해 분권 개헌안도 마련하고 지방자치법을 개정하였으며, 지역이 요구하는 대규모 사업의 예비타당성 조사를 면제하여 예산을 지원하는 등 나름대로 지역발전을 위한 조치를 취해 왔다. 하지만 지방 인구의 감소는 더욱 가속화 되고 있다. 정부의 '지방 살리기' 정책들이 성과를 거두지 못하고 있는 것이다. 이는 무엇보다 지역발전 이슈가, 이른바 '적폐청산' 등 과거를 정리하는 문제, 북핵 문제 등에 묻혀서 국정의 우선순위에서 한참 뒤로 밀려나 있기 때문이다. 문재인 정권 초기에 비해 지역균형발전을 언급하는 강도나 횟수가 점점 줄어들더니, 총선 이후에는 더욱 관심의 대상에서 멀어졌다. 정부와 민주당이 제안하는 무수한 법안에도 지역발전과 관련된 것은 찾아보기 어렵다.

지역발전 이슈를 정치적으로 활용하는 것도 상당한 장애물이 되고 있다. 수도이전 이슈만 해도, 서울 등 수도권 부동산 가격이 오르자 이에 대한 불만을 돌리기 위해 느닷없이 던졌다가 세종시 집값만 급등시키고 슬그머니 내려놓았다. 수도이전은 소멸하는 지방에 활력을 줄 수도 있는 엄청나게 중요한 이슈임에도 불구하고 정치적 흥정의 대상으로 전락시키고 만 것이다. 또한 균형발전 논리를 수도권과 지방간의 대립과 갈등관계로 몰고 가려고 하는 것도 결코 바람직하지 않다. 공공기관 이전과 같이 수도권을 눌러서 지방을 살리려는 접근은 국가 전체적으로 보면 제로섬zero sum 게임에 불과하며, 인구분산 효과도 미미한 것으로 드러났다.

인구의 감소, 특히 지방인구의 감소는 대한민국의 미래를 좌우할 매우 중대한 사안이다. 지방이 사라지면 결국 대한민국도 사라지는 것이다. 그럼에도 불구하고 정부는 이 문제에 대해 큰 관심을 기울이지 않고 있다. 이는 기본적으로 지역균형발전 이슈를 수도권 문제를 해결하기 위한 부수적 수단으로 생각하거나, 정치적 이해관계를 대입하여 접근하기 때문이다. 문재인 정부가 출범 초기에 제시했던 '지방분권국가'의 청사진이 용두사미에 그치지 않도록 남은 임기 동안 각별한 관심을 기울였으면 한다. 지방이 살아야 나라가 산다.

지방자치법 개정의 전제

역대 정부마다 그토록 강조하던 지방분권 논의가 주춤하는 경향을 보이고 있다. 지방분권을 지역발전의 새로운 계기로 삼으려고 했던 지방의 입장에서는 실로 아쉬운 상황이라고 할 수 있다. 그런데 다행히 제21대 국회에서 지방자치법 개정 논의가 시작되었고, 2020년 9월 전부개정 된 지방자치법이 국회를 통과하였다.

30년 만에 시도된 이번 지방자치법 전부개정안은 대체로 지방분권을 강화한 내용을 담고 있다. 우선 주민들이 지방의회에 직접 조례안을 제출할 수 있는 주민조례발안제를 도입하여 주민주권을 강화하였으며, 지방자치단체의 자율성도 확대하여 지방자치단체 형태를 주민투표로 선택할 수 있도록 하였다. 또한 광역의회 의장에게 의회사무직에 대한 인사권을 부여하는 등 지방의회의 독립성과 전문성도 강화하였다. 수원, 창원 등과 같이 인구 100만 이상의 도시에는 '특례시' 명칭을 부여하여 자치권을 확대하였다. 이 개정안에 대해서는, 여전히 조직 · 인사 자율권 자치입법권 및 재정권이 제한되는 점 등을 이유로 아쉬움을 표명하는 견해도 있다. 하지만 주민주권을 강화하고 지방정부의 자율성을 제고하였으며, 지방의회의 전문성과 독립성을 보장할 수 있는 제도들을 담고 있다는 점에서 일단 긍정적으로 평가할 수 있다.

그런데 모든 정책이나 제도와 마찬가지로 지방분권이 제대로 효과를 발휘하기 위해서는 전제조건이 충족되어야 한다. 정책학자들이 제시하는 시차이론time lag theory에 따르면, 어떤 정책이 성과를 거두기 위해서는 동시에 또는 선후에 갖춰져야 할 조건이 있다. 아무리 좋은 제도라 하더라도 선후관계가 있는 변수들이 적시에 작동되지 않으면 오히려 부작용이 커질 수 있다는 것이다. 이런 점에서 앞으로 지방정부의 책임성을 확보하고, 지방정부가 확대되는 권한을 제대로 발휘하여 성과를 거두기 위해서는 다음 두 가지 전제조건이 선행되어야 할 것으로 생각된다.

우선 현재의 '강 단체장–약 의회' 구조를 바꿔야 한다. 지금의 구도 하에서 지방분권이 진행되면 단체장의 지위와 권한이 더욱 공고해 질 가능성이 크다. 따라서 건전한 지방분권을 위해서는 '제왕적 단체장'을 적절히 견제할 수 있는 장치가 마련되어야 하는데, 무엇보다 지방의회가 이 역할을 제대로 수행해야 한다. 이를 위해서는 지방의원의 정당공천제 폐지가 최우선적으로 선행되어야 할 것이다. 지금처럼 지방의회가 중앙정치나 지역 국회의원들에게 장악당하면 지방의회는 중앙정치의 하부기관을 벗어나기 힘들고 단체장 견제는 더욱 요원해 질 것이다. 지방의원의 정당공천제 폐지로 지방의회가 '정치적 독립성'을 확보하면 우수한 지역인재가 지방의회로 진출할 수 있는 가능성이 커질 것이며, 지방의회는 명실공히 지역주민의 대표로서 단체장의 확실한 견제장치가 될 수 있을 것이다.

다음으로 지방정부에 대한 주민들의 민주적 통제를 강화해야 한다. 주민의 직접적 참여기회를 확대하고 그 권한도 제고해야 할 것이다. '풀뿌리 민주주의'라는 지방자치의 본질에 충실하기 위해서는 지역의 문제를 구성원들이 직접 참여하여 해결하는 공동체주의 communitarianism의 부활이 필요하다. 이를 위해서는 주민들의 자율적인 결사체의 출현을 장려할 수 있는 제도를 구상해야 하며, 지방행정의 패러다임 자체를 주민참여형으로 전환하여 시민들의 의사가 행정과정에 자연스럽게 반영될 수 있는 제도적 장치를 구축해야 할 것이다.

지방자치법이 개정되었으나 지방분권은 여전히 요원한 과제이다. 지방재정의 자립도가 낮아 대부분의 지역 현안 사업은 국고에 의존해야 하는 실정이다. 자치단체들은 자체의 행정과 정책역량을 키워나가려는 노력보다는, '특별자치도', 광역단체 통합 등 형식적인 외양에 치중하는 경향이 강하다. 더 나아가 주민참여는 제한적이고, 제왕적 단체장의 횡포에 가까운 전횡을 견제할 수단은 극히 제한적이다. 지방의회는 여전히 대의기구로서 제 역할을 발휘하지 못하고 단체장의 부속기관화 하고 있다. 하루 속히 진정한 지방분권에 필요한 전제조건들이 제대로 충족될 수 있기를 기대한다.

자치의 확대와 울산의 과제

국회에서 여러 가지 법안이 통과되었다. 세간의 관심은 주로 부동산관련 법률과 '공수처'법에 집중되었지만, 지방정부 운용과 지역주민들의 일상에 큰 영향을 미칠 수 있는 법안들도 동시에 통과되었다. 바로 지방자치법과 경찰법의 개정, 그리고 '지방일괄이양법'의 제정이다.

우선 지방자치법의 개정으로 정책결정 및 집행과정에 대한 주민참여권, 주민들이 지방의회에 직접 조례안을 제안할 수 있는 주민발안권이 부여되는 등 지방정부와 주민들의 자치권이 확대되었다. 또한 지방의회 사무직원의 임용권을 의회 의장에게 부여하고, 지방의원들의 의정활동을 지원하는 전문인력을 도입하여 지방의회의 독립성과 전문성이 강화되었다. 경찰법 개정으로는 국가경찰과 구분되는 자치경찰제도가 도입되었다. 자치경찰은 생활안전, 교통, 여성 · 청소년, 지역경비 등 주민밀착형 사무를 담당하게 된다. 여기에 더하여 '지방일괄이양법'이 제정되어 46개 법률에 규정된 국가사무가 일괄적으로 지방정부에 이양되었다. 그동안 일일이 개별 법률의 개정을 거쳐야 해서 지지부진하게 진행되던 국가사무의 지방이양이 이 법의 제정으로 단번에 실현되었다.

물론 이러한 자치권 강화 입법에 대해서는 여러 가지 미진한 점이 지적되고 있다. 예컨대 지방자치법 개정에도 불구하고 여전히 자치입법권, 자치재정권 등에 제한이 가해지고 있으며, 자치경찰제 도입도 기존 경찰조직의 외형은 그대로 유지하면서 국가경찰, 자치경찰, 국가수사본부 등으로 구분되어 지휘권이 3원화 되는 등의 문제점이 지적되고 있다. 그럼에도 불구하고 다양한 입법을 통해 지방정부의 자치권은 예전에 비해 대폭 확대된 것이 사실이다. 이제 필요한 것은 자치권 확대 제도의 원만한 정착과 효율적인 운용을 위해 준비를 철저히 하는 것이다. 이와 관련하여 울산시가 관심을 가져야 할 몇 가지의 과제를 제시하고자 한다.

우선 주민참여를 질적·양적으로 확대할 수 있는 방안을 모색해야 할 것이다. 그동안 주민참여는 일방적 동원, 또는 정치적 목적을 달성하기 위한 '선택적 참여'로 지방정부의 필요에 따라 극히 형식적으로 운영되는 경향이 강하였다. 이제는 정보통신 기술을 활용한 스마트 플랫폼을 구축하여 다수의 주민들이 실시간으로 정책과정에 참여할 수 있는 시스템을 운용하는 것을 고려할 필요가 있다. 주민참여를 위해서는 무엇보다 행정정보의 과감한 공개가 선행되어야 한다. 주민들이 정책에 참여하고 조례를 발안하기 위해서는 지방정부의 정책정보를 파악하는 것이 필수적이기 때문이다.

또한 지방의회는 의회직원과 전문인력에 대한 인사권을 공정하게 운용할 수 있는 인사시스템을 마련해야 한다. 이를 통해 정치적 보은인사나 연고에 의한 정실임용을 배제하고 철저하게 능력 위주의 인사를 진행해야 한다. 특히 이 제도는 그동안 일부시민들의 부정적인 시각에도 불구하고 지방의회가 줄기차게 요구하여 관철한 것인 만큼, 추후 지방의회의 효과적인 활동에 기여하고 있음을 스스로 입증해 내야 할 것이다.

자치경찰의 경우에는, 시장이 임명하는 경찰위원회의 구성이 중요하다. 경찰위원회는 자치경찰 사무에 관한 주요 정책을 심의·의결하는 기관으로서, 정치적 중립성과 독립성을 보장할 수 있도록 구성해야 한다. 이를 통해 지역의 특정한 세력이 자치경찰 운용에 개입할 수 없도록 해야 하며, 자치경찰과 관련한 불필요한 정치적 논란도 사전에 차단할 필요가 있다.

무엇보다 중요한 것은, 자치의 확대에 따라 지방정부의 역할과 책임도 커진 만큼, 울산시가 이에 상응하는 행정역량을 갖추는 것이다. 자치권 확대에 따른 지방행정의 변화에 잘 대응하여 울산시민들의 행정만족도가 상승하는 계기가 되기를 기대한다.

하지만 그동안 울산에서 드러난 현상은 이러한 기대를 충족시키는데 매우 미흡한 것이 사실이다. 주민참여를 확대하기 위한 획기적인 제도적 장치를 마련하지 못하고, 여전히 기관장이 필요한 경우에 한하여 선택적으로 제한적인 참여만이 허용될 뿐이다. 지방의회의 경우도 인사권의 독립이나 전문인력의 강화를 통해 지방의회의 전문성이 강화되었거나 주민의견 반영의 정도가 심화되었다는 흔적을 찾기가 어렵다. 집행부에 대한 견제와 감독 역량도 여전히 미흡하여 지방의회의 존립 필요성에 대한 회의적인 시각은 더욱 커지고 있는 실정이다. 경찰위원회는 또 어떤가. 인사권을 가지고 있는 시장은 선거운동을 도운 측근이나 지지자들을 임용하고 있으며, 한편으로는 전직 경찰들의 재취업 기회만 늘어나고 있다. 자치경찰제 이후 시민들의 안전에 어떤 긍정적인 변화가 있는지 의문이다.

결국 휘황찬란한 명목을 내걸고 새롭게 시도한 자치권 확대 제도들이 의도한 효과를 내지 못하고 시민들의 관심과 기억 속에서 사라지고 있다. 정책결정자들은 정책만 도입하면 문제가 해결될 것으로 기대하지만 현실은 전혀 그렇지 않다. 특히 새로운 정책의 경우 집행과정과 효과에 대한 객관적인 평가를 통해 지속적인 보완이 필요하다는 것을 깨달아야 할 것이다.

지역사회와 대학의 역할: 울산대 개교 50주년에 즈음하여

'코로나19'가 블랙홀이 되어 다른 이슈에 관심을 가질 여유가 없는 것이 현실이지만, 그래도 한 가지를 기억했으면 한다. 1970년 문수산 자락에서 울산공과대학으로 출발한 울산대학교가 2020년 3월 16일로 개교 50주년을 맞이하였다. 지역이 발전하기 위해서는 무엇보다 우수한 인재들이 필요하다. 그래서 지역발전에는 대학의 존재가 필수적이며, 선진국의 도시발전에는 예외 없이 우수한 인재를 양성하는 대학의 뒷받침이 있었다. 울산대의 50년 역사는 대한민국의 산업화, 그리고 울산 발전과 뗄 수가 없다. 국가공업센터로 지정된 이후 울산은 우리나라 산업화와 근대화의 중심이었으며, 여기에 필요한 인적자원, 그 중에서도 고급 전문인력을 공급한 곳이 바로 울산대학교다.

부존자원이 부족한 우리나라에서 교육과 인적자원의 중요성은 새삼 강조할 필요가 없다. 울산대학교는 개교 이래 산학협력을 강조하여 산업현장에 필요한 인력양성에 힘써 왔다. 울산대는 독자적인 산학협력교육 모델을 개발하여 전국에 확산시킨 선도대학으로 평가된다. 산학협력을 중시하는 울산대의 전통은 울산을 한국의 산업수도로 발전시키는데 기여하였다. 80년대 중반이후 종합대학으로 발돋움하면서부터는 울산사회에 제공하는 인력의 범위가 더욱 넓어졌다. 기존의 산업인력 외에도 정치, 정부기관, 언론, 금융, 서비스업 등 울산의 거의 모든 분야에서 울산대 출신의 역할이 더욱 커졌다. 특히 울산대병원은 대형 전문병원으로 자리 잡으면서 울산시민들의 보건과 건강을 책임지고 있다. 코로나19 대응에서도 울산대병원이 지역의 중심 역할을 하고 있다.

이와 같이 지난 50년 동안 울산대는 울산시민들과 함께 하며 나름대로 울산발전에 기여해 왔다. 이제는 입학생의 절반 정도가 울산 외의 다른 지역 출신일 정도로 전국적인 명성을 얻고 있으며, 국내외의 다양한 대학평가에서도 높은 순위를 나타내고 있다. 하지만 최근 전국의 대학들이 학령인구의 급격한 감소로 존폐의 기로에 서있다. 울산대도 예외는 아니다. 만일 울산대가 그동안의 성과에 안주하며 미온적으로 대처하다가는 큰 위기에 빠질 수도 있다.

앞으로 다가 올 50년에 대응하기 위해서는 울산대도 새로운 변화와 혁신을 도모해야 한다. 무엇보다 경제·사회 패러다임이 급속히 변화하고 있다. 지난 산업화 시기에는 제조업에 필요한 인력을 공급했다면, 이제는 4차 산업혁명 시대에 적합한 인재를 육성해야 한다. 이 시대에 필요한 인재상人材像에 대한 성찰과 함께 이들이 갖추어야 할 역량을 분석하고, 이에 맞는 교육과정 및 교육방법을 개발하는 데에 힘써야 한다. 또한 울산대는 지역의 대표적인 종합대학으로서 울산지역 지식네트워크knowledge network의 중심으로서의 역할을 수행할 필요가 있다. 울산의 미래 발전 방향을 제시하고 구체적인 아젠다를 선도할 수 있는 역량을 갖추고, 울산의 여러 분야 지식공동체epistemic community의 중심으로 확고하게 자리 잡아야 한다. 더 나아가 울산대는 울산의 일반시민들의 지적 욕구를 충족시켜주는 활동에 더욱 적극적인 관심을 기울여야 한다. 지금도 도서관과 체육관 등 학교 시설을 시민들에게 개방하고 있지만, 이런 하드웨어 뿐만 아니라 대학의 강의 등 소프트웨어를 시민들과 공유하여 울산 시민들의 평생교육기관으로서의 역할을 강화해야 할 것이다.

울산대는 지역사회와 격리된 고고孤高한 성城에 갇혀 있지 말아야 한다. 울산대 50년 역사는 시민들의 지지와 성원을 바탕으로 가능한 것이었다. 항상 지역사회와 소통하는 동시에, 지역의 이슈들을 선도하고 지역발전에 필요한 지적산물을 제시하려는 노력을 게을리 해서는 안 된다. 울산시민들이 울산대를 지지하고, 우리 지역에 울산대가 존재하는 것을 자랑스럽게 여길 수 있도록 더욱 더 겸손하고 진지한 노력을 기울여 나가기를 기대한다.

'지방대' 프레임과 노벨상

매년 가을이 되면 노벨상 수상자가 분야별로 발표된다. 금년에는 한강 작가의 노벨문학상 수상 소식으로 온 나라가 떠들썩하였다. 이전까지만 해도 우리나라 대부분의 언론에서는, 한국에서는 언제 노벨상 수상자가 나올 것이며, 노벨상을 받기 위해서는 기초학문에 대한 투자를 늘려야 한다는 등의 상투적인 보도가 이어졌다.

그런데 몇 년 전 노벨상 관련 우리 언론 보도 중에 눈에 띄는 것이 하나 있었다. 바로 일본에서 '지방대' 출신의 교수가 노벨상을 받은 것이 매우 이례적이고 신기하다는 내용이었다. 그리고 친절하게도 일본의 지방대 출신이 어떻게 노벨상을 받게 되었는지를 나름대로 분석한 기사를 첨부하고 있다. 언론에 보도된 대학은 나고야대학이며, 이 대학 소속 교수 3인이 노벨 물리학상을 공동수상하였다. 언론이 호들갑을 떨었지만, 일본은 이미 수년전부터 이른바 지방대 출신의 노벨상 수상이 보편화 되어 있었다. 우리식으로 보면 지방대인 교토대학의 노벨상 수상자가 수도에 있는 도쿄대학

보다 많다는 것은 이미 널리 알려진 사실이다. 그런데 일본에서는 교토대를 지방대로 부르는 사람은 아무도 없다.

반면 이번 보도는 우리나라 언론이 철저히 지방대와 수도권대라는 이분법적 프레임frame에 사로잡혀 있음을 여실히 보여주는 사례이다. 지방대는 법적인 용어도 아니고 학문적인 용어는 더더욱 아니다. 이는 서울을 중심으로 생각하는 전형적인 편협한 시각이다. 서울 주변은 중심이고 나머지는 지역이나 지방이라는 의미를 가진 프레임이다. 중앙은 앞서 있고 지방은 뒤처지거나 열등한 곳이라는 인식이 뿌리 깊게 자리하고 있음을 보여준다. 그러니 이런 프레임으로 보면 일본의 '지방대'에서 노벨상이 나오는 것이 그저 신기하고 이상하게 보이는 것은 당연할 것이다. 한마디로 무식하고 한심한 시각이다.

아마 경제수준이 웬만한 나라들 중에서, 지역을 기준으로 대학을 지방대와 수도권대로 구분하는 곳은 우리나라가 거의 유일할 것이다. 대학을 다양한 평가기준을 적용해 명문대와 비명문대로 구분하는 것은 나름대로 타당성이 있지만, 지역을 기준으로 대학을 구분해 명문과 비명문의 프레임으로 가두는 것은 전혀 논리적이지도 않고 타당성도 없다. 생각해 보라. 일본의 오사카대학이나 교토대학이 이른바 '지방대'인가. 미국의 스탠포드대학이나 시카고대학도 '지방대'인가. 왜 유독 우리나라만 비수도권 대학들을 '지방대' 프레임에 가두어 두려 하는가?

실제로 우리나라 대학들의 규모나 연구업적, 교육여건 등을 들여다보면 대학들이 너무도 다양해서 이를 수도권대와 지방대로 구분해 명문, 비명문을 가르는 것은 거의 의미가 없거나 심각한 오류를 범할 수 있다. 지방에 있는 대학 중에도 교수들의 연구수준이나 학생들의 취업률 등이 수도권대를 앞지르는 곳도 있으며, 수도권 지역의 대학에도 학교시설이나 연구수준이 형편없는 곳이 상당 수 있는 것도 사실이다. 특히 대학을 학문분야 별로 구분해 보면 지방에 있는 대학 중 특정 분야에서 전국적·세계적인 명성을 얻고 있는 곳이 적지 않다. 그럼에도 불구하고 단지 서울지역 밖에 있다는 이유로 이들 대학을 '지방대' 프레임으로 가두어 획일적으로 평가하는 것은 바람직하지 못하다.

이러한 지방대 프레임에 갇힌 인식은 알게 모르게 우리사회에 만연해 학생들과 학부모들의 대학 선택에 영향을 미치고 있으며, 더 나아가 기업들의 신입사원 선발에도 차별적인 영향을 미치고 있다. 지방대를 넘어 심지어 '지잡대'라는 표현까지 등장하였다. 1980~90년대만 해도 부산대, 경북대 등 지역의 국립명문대들이 서울의 유명 사립대와 비슷하거나 오히려 우월하다는 평가를 받았지만, 이제는 서울에 있는 대학을 중심으로 한 'S·K·Y·서·성·한·중·경·외·시'라는 암호 같은 대학서열이 고착화 되고 있는 것이 서글픈 현실이다.

이로 인해 지역에 있는 많은 대학들과 학생들이 본의 아니게 피해를 보고 있으며, 이는 결국 수도권과 지방이라는 이분법적 사회 분열을 조장하는 결과를 초래하고 있다. 서울도 지방의 하나이고 그렇게 보면 서울에 있는 대학들도 '서울지방'의 대학에 불과하다. 우리나라도 국내외의 대학평가기관에서 객관적인 평가기준으로 대학들을 평가하고 있다. 이에 의하면 지역에 소재하고 있는 대학들의 순위가 절대로 낮지 않다. 학문 분야별로 구분하면 더욱 더 그렇다. 그럼에도 불구하고 언론은 그저 지역에 있다는 이유로 지방대라는 프레임을 씌워 비하하고 있다. 마치 노벨상은 지방대에서는 절대 나올 수 없는, 이례적인 것으로 보고 있다.

최근 사회조사 결과에서도 지역 간 갈등 양상이 과거 영호남 간 갈등에 못지 않게 수도권과 지방 간 갈등이 심화하는 것으로 나타나고 있다. 이를 해소하기 위해서라도 언론을 비롯한 사회 각 분야에서 아무 생각 없이 '지방대' 프레임을 들이대는 일이 없도록 주의를 기울여야 할 것이다. 노벨상은 전국 어느 대학에서도 가능하다.

교육재정의 합리적 배분이 필요하다

50년 전인 1971년에 제정된 지방교육재정교부금법에 따라 그동안 매년 내국세의 20% 이상이 지방교육청에 배정되어 교육에 투자되었다. 이 결과 우리나라의 초·중등 교육여건은 획기적으로 개선되었다. 한 반에 6~70명이었던 '콩나물 교실'이 이제는 20명 정도의 쾌적한 환경으로 바뀌었고, 교육용 기자재와 각종 시설도 선진국 수준에 이르렀다. 이 제도는 어려운 여건 속에서도 인재육성에 필요한 교육재정을 우선적으로 확보하여 사회발전의 기반을 마련했다는 점에서 의미 있는 정책으로 평가된다.

그런데 50년이 흐른 지금 사회적 상황은 크게 변하였다. 인구의 감소로 지난 15년간 학령인구는 791만 명에서 542만 명으로 31%가 줄었다. 그럼에도 불구하고 교부금은 지속적으로 증가하고 있다. 2024년 정부가 일선 교육청에 주는 교부금은 약 70조원으로 2006년(24조6천억원)의 2.8배 증가하였다. 교육청의 예산수요와 관계없이 내국세의 20% 이상을 자동 배정하도록 규정된 법률 때문이다. 이로 인해 교육청이 사용하지 못하고 남긴 불용예산이 최근 5년간(2016~2020년) 연평균 1조8천억원에 달한다. 학생들에게 무상으로 학용품을 지급하고 수학여행비를 지원할 뿐만 아니라, 스마트 패드를 지급하는 지역도 있다고 한다. 그렇게 예산을 써도 1년에 2조 정도의 돈이 남아도는 실정이다. 또한 학생 수의 감소에도 불구하고 최근 10년 동안 교육공무원 숫자는 두 배가 증가하였다. '교육재난지원금' 등과 같은 현금성 지출도 급격히 증가하고 있다. 방만하고 비효율적인 예산운용의 대표적인 사례다.

내국세의 증가에 따라 불어나는 교부금을 모두 지출하지 못해 돈 쓸 곳을 찾아다니는 교육청과 달리 고등교육을 담당하고 있는 대학들의 재정상황은 빈사瀕死 상태에 빠져 있다. 대학등록금에 대한 국민들의 불만을 정치적으로 해소하려고 등장한 '반값 등록금' 때문이다. 대학등록금은 2009년부터 동결되어 있다. 정부가 등록금 인상과 대학지원금을 연계시켜 놓고 있어 대학이 등록금을 올릴 수가 없다. 반면에 이 기간 동안 물가는 약 30% 정도 인상되었다. 신입생의 감소로 정원을 채우지 못하는 대학이 속출하면서 대학재정은 더욱 심각한 상황에 이르고 있다. 한국대학교육협의회에 의하면, 2021년 전국 4년제 사립대학의 적자 규모는 약 2조 1,471억원에 달한 것으로 나타났다.

교육비용은 증가하는데 등록금 수입이 제자리인 상황에서 제대로 된 대학교육이 이뤄질리 만무하다. 예산부족으로 대학의 교육기자재는 옛 구식 기종을 그대로 사용하고 있으며, 도서관에는 교육과 연구에 필요한 서적과 저널이 부족한 실정이다. 거액의 연봉을 주고 세계적인 학자를 초빙하는 것은 아예 엄두조차 내지 못한다. 요즘은 최신시설의 중·고등학교에서 공부하던 학생들이 대학에 들어와 낡은 기자재나 화장실, 교사校舍 등을 보고 놀란다. 오랜만에 모교를 방문한 졸업생들도 그동안 학교가 너무 낡았다는 느낌을 받는다고 한다.

초 · 중등교육에는 재정이 넘쳐나고 고등교육을 담당하고 있는 대학에는 적자가 쌓이며 쇠락해 가고 있는 상황은 누가 봐도 극히 비정상적이다. 이를 바로 잡기 위해서는 교육재정교부금을 통해 마련된 교육재정이 지역의 대학에도 배분될 수 있도록 제도가 개선되어야 한다.

지방분권과 지역균형발전의 핵심적 역할은 지역대학에 있다. 지역발전에 필요한 아이디어와 인력의 대부분은 지역의 대학에서 제공하는 경우가 많다. 기업들도 지역의 대학을 보고 자리 잡는다. 독일의 세계적인 소프트웨어 기업 SAP의 본사는 소도시 발도르프 Walldorf에 있다. 주변에 하이델베르크대학, 카를스루에공대라는 유수한 대학이 자리 잡고 있기 때문이다. 지역의 젊은이들도 주변에 좋은 직장이 많기 때문에 굳이 다른 대도시로 갈 생각을 하지 않는다. 인적 자원과 일자리가 조화를 이루면서 지역 경제가 함께 성장하는 선순환 구조의 핵심에 대학이 있는 것이다.

반면 우리는 어떤가. 수많은 젊은이들이 교육과 일자리를 찾아 수도권으로 이동하고 있으며, 지역경제는 파산 직전이다. 이러한 악순환 현상은 지역대학의 침몰에 기인하는 바가 크다. 15년 동안의 등록금 동결로 적자에 허덕이고 있는 대학에서, 지역에 필요한 인재를 육성하고 획기적인 연구성과를 제시하는 것은 사실상 불가능하다. 독일의 예에서 보듯이 지역이 발전하기 위해서는 지역의 대학이 살아야 한다. 50년 전의 규정에 따라 교육재정이 초·중등교육에 과도하게 배분되어 불용액이 넘쳐나고 선심성 현금지출로 국민의 세금이 허무하게 사라지고 있다. 정부와 국회는 교육재정의 합리적인 배분이 가능하도록 법을 개정하여 대학에 대한 재정지원을 확대해야 한다. 이는 지역균형발전과 지역경제 활성화의 실질적인 출발점이 될 것이다.